O EGITO INVISÍVEL
E o poder dos símbolos

Fernando Schwarz

O EGITO INVISÍVEL
E o poder dos símbolos

A Verdadeira Essência da Tradição Sagrada mais Fascinante da História

Tradução:
CARLOS AL. L. SALUM
ANA LUCIA DA ROCHA FRANCO

Editora Pensamento
SÃO PAULO

Título do original: *Egipto Invisible.*

Revisão: Adilson Ramachandra.

Dados Internacionais de Catalogação na Publicação (CIP)
(Câmara Brasileira do Livro, SP, Brasil)

Schwarz, Fernando
O Egito invisível e o poder dos símbolos : a verdadeira essência da tradição sagrada mais fascinante da história / Fernando Schwarz ; tradução : Carlos Al. L. Salum, Ana Lucia da Rocha Franco. – São Paulo: Pensamento, 2009.

ISBN 978-85-315-1618-4

1. Egito – Civilização 2. Ocultismo – Egito 3. Vida espiritual.

09-12002 CDD-133.9

Índices para catálogo sistemático:
1. Egito : Ocultismo 133.9

O primeiro número à esquerda indica a edição, ou reedição, desta obra. A primeira dezena à direita indica o ano em que esta edição, ou reedição, foi publicada.

Edição	Ano
1-2-3-4-5-6-7-8-9-10-11	10-11-12-13-14-15

Direitos de tradução para o Brasil
adquiridos com exclusividade pela
EDITORA PENSAMENTO-CULTRIX LTDA.
Rua Dr. Mário Vicente, 368 — 04270-000 — São Paulo, SP
Fone: 2066-9000 — Fax: 2066-9008
E-mail: pensamento@cultrix.com.br
http://www.pensamento-cultrix.com.br
que se reserva a propriedade literária desta tradução.

Sumário

Introdução

O visitante ofuscado pelo gigantismo das grandes pirâmides e das grandes cidades-santuário, como Tebas, pressente confusamente a existência de um Egito mais profundo, em grande parte imperceptível. Este Egito, invisível para os sentidos, descobre-se com o coração, a sede da alma-consciência.

Segundo os egípcios, os segredos do coração são os melhores recursos para se atuar com inteligência na harmonia do mundo. Quem fizesse isso alcançava seu renascimento, neste mundo e no outro, como simboliza o Julgamento do coração no *Livro dos mortos*.

Este livro pretende ajudar o leitor a penetrar no Egito invisível, a matriz da luz e de todas as almas, segundo os mistérios egípcios. Todo o Universo manifesto nasce dele. É dele também que provém a vida que permite a renovação permanente da Criação. Se o mundo visível não cai no caos ou na inércia e não se destrói, é graças à sua ligação com a fonte invisível da vida.

A natureza do mundo invisível, segundo os egípcios, não é espaço-temporal, não é material e nem tampouco energética, como a entendemos hoje. Para eles, a energia de que nos fala Einstein e sua metamorfose em matéria forma parte do mundo visível.

Não, o Egito invisível tem uma natureza psíquica que os ocultistas do século XIX chamaram de "astral". Essa "energia" psíquica e criativa foi denominada "Ka" pelos egípcios, e o conhecimento ou sabedoria de como usar essa energia para estabelecer as formas da vida e sua permanente regeneração foi denominado "Heka", palavra traduzida de maneira superficial por "magia".

O nome que os egípcios deram a esse mundo interior, intermediário entre a espiritualidade abstrata onde residem as ideias primordiais desencarnadas e o universo terrestre da encarnação, é "Duat, o interior do Céu". Ali residem as formas do espírito, seus corpos resplandecentes, que os egípcios simbolizavam com as múmias.

O Duat contém as forças da regeneração. É o lugar da alquimia, ou ciência das transmutações. Ali chega o Sol fatigado de sua viagem diurna, ali se regenera e renasce como uma nova luz todos os dias.

O Egito invisível é presidido pelo deus Osíris. Através de sua paixão e do renascimento no além, ensina os mistérios da conexão entre as duas faces da existência, que chamamos precariamente de vida e morte. É o modelo para cada alma, para vencer suas provas nos limites da existência.

Com o tempo, Osíris se tornou o mais popular dos deuses. Sua religião do amor e das conexões simpáticas entre os seres e os mundos competiu arduamente com o cristianismo nascente através da religião de Ísis. Forneceu ao cristianismo muitos de seus segredos, que relataremos neste livro (o Santo Sepulcro, a Divina Concepção, a Paixão, a Virgem...).

Por meio do mito de Osíris, revela-se o papel secreto da mulher nos mistérios egípcios. Ela é a fonte da regeneração e do poder invisível que permite as metamorfoses da alma, como mostra, na iconografia das tumbas, seu símbolo essencial, o lótus. Se o papel masculino encarna o que é hierático e estável, a mulher é o movimento, é quem traz a magia e a dinâmica que provoca a circulação da vida.

Osíris preside a capital mística do Egito invisível: Abidos. Pouco visitada por turistas, foi a capital do *nomo* da Terra Primordial, Ta Ur. Já na pré-história, os reis do Egito construíam suas tumbas e seus cenotáfios (sepulcros sem cadáveres, tumbas para a alma) nas areias da província da Ilha Santa, onde reside o Grande Dormente, aquele que une as terras visíveis com o invisível.

Abidos nunca foi uma cidade grande, mas um local de peregrinação, a capital da alma para onde cada egípcio devia fazer sua peregrinação, física ou simbólica, para o bem da alma. Hoje, podemos visitar um templo magnífico, construído sobre velhas ruínas de templos da época das Pirâmides e ainda mais antigos.

O santuário de Seti I, com seu Osírion, ou "tumba da alma de Osíris", é o único templo em pé que revela os mistérios septenários do universo manifesto e os do Duat, a porta do Egito invisível. No final do livro, forneceremos ao leitor as chaves de sua interpretação simbólica e prática, e os ritos iniciáticos da manutenção da ordem do mundo, ou de como alcançar a simpatia entre as coisas e os mistérios da Iniciação à alquimia interior.

Capítulo 1

O poder dos símbolos

"Hoje, já se compreende uma coisa que o século XIX nem sequer pressentia: que o símbolo, o mito, a imagem, pertencem à substância da vida espiritual. O simbolismo é uma noção imediata da consciência total, ou seja, do homem que se descobre como tal, do homem que toma consciência de sua posição no Universo."

MIRCEA ELIADE

O SÍMBOLO: LAÇO ENTRE O VISÍVEL E O INVISÍVEL

Hoje, os antropólogos sabem que o homem moderno (*homo sapiens sapiens*) não é só um inventor de ferramentas e da linguagem falada, mas também um *homo simbolicus* capaz de imaginar símbolos e mitos numa linguagem que transcende o sentido imediato e utilitário das palavras.

A dimensão simbólica da linguagem e sua expressão na arte e no comportamento são próprias do homem. Complementar à linguagem convencional, o símbolo é também uma maneira de enriquecê-la porque, graças a ele, conseguimos expressar o "não dito", ou ausente, no "dito". Por meio de suas imagens, o símbolo confere uma presença à ausência. Ninguém pode ver a morte, mas seus símbolos a expressam. Um objeto se torna simbólico quando transcende sua finalidade material e funcional. Quando uma cadeira representa o lugar de onde se exerce o poder do Estado, já não se trata mais de uma simples cadeira, mas de um trono, símbolo de soberania. O símbolo é, portanto, a representação de uma ideia que vai além da função imediata do objeto.

Uma árvore ou uma planta que não são sagradas enquanto árvore ou enquanto planta, se tornam sagradas por sua participação numa realidade transcendente. Tornam-se sagradas porque significam essa realidade transcendente. Por sua consagração, a espécie vegetal concreta, profana, se transubstancia. Segundo a dialética do Sagrado, um fragmento (uma árvore, uma planta) vale o todo (o Cosmos, a Vida), um objeto profano se converte numa hierofania (uma expressão do Sagrado).

Melhor que palavras, a linguagem simbólica expressa com imagens (visíveis e/ou poéticas) uma realidade situada além das aparências. Reúne e expressa o invisível na realidade visível.

O termo "símbolo" vem do grego *sumbolon*, "aquilo que reúne as partes" (significado e significante), e do latim *simbolus*, que significa "aquilo que leva ou porta".

O símbolo é, então, um mensageiro, um elemento mediador entre dois níveis de consciência, entre o profano e o sagrado, entre o visível e o invisível. É uma ponte que une elementos "separados": une o Céu e a Terra, o espírito e a matéria. Traz em si uma força capaz de unir os contrários, estabelecendo um núcleo de relações onde se expressam seus múltiplos sentidos e dimensões, reunindo-os como uma só unidade. Reúne os aspectos contraditórios de um mesmo ser. Deus egípcio da vegetação e da renovação, Osíris é também o Rei dos mortos. Hathor, a deusa Mãe civilizadora, pode se transformar numa leoa furiosa e destrutiva.

O símbolo é uma representação que faz aparecer um sentido secreto: é a epifania de um mistério. Essa faculdade inerente ao homem, de perceber o sagrado, ou seja, de ter acesso à dimensão do metafísico e do "sobrenatural" por meio do pensamento simbólico, é o que o distingue das outras espécies vivas do planeta; e não a razão, como se acreditava nos séculos passados. Os símbolos tornam acessíveis ao espírito níveis de experiência que, sem eles, seriam inacessíveis para sempre, já que nem mesmo teríamos consciência deles. Assim, a principal função dos símbolos é permitir o acesso a níveis de realidade que de outra forma seriam inabordáveis e abrir ao entendimento humano perspectivas insuspeitadas.

O símbolo compromete sempre a experiência humana, dando-lhe, ao mesmo tempo, um significado que outorga sentido à realidade imediata. É animado por uma lógica que lhe é própria e representa uma forma autônoma de conhecimento, diferente da racional clássica. Como diz Mircea Eliade: "O Sagrado é um elemento na estrutura da consciência e não uma fase na história dessa consciência".

EGITO: A TERRA DA IMAGINAÇÃO SIMBÓLICA

A imaginação simbólica introduz o homem num novo universo de representações, que lhe permite aceder a uma visão global do mundo. Graças a essa experiência, o homem já não se sente mais um fragmento impermeável, mas um cosmos vivente aberto a todos: transfigurou-se em *homo simbolicus*, o "homem simbólico". A experiência da função simbólica permite ao homem aceder à espiritualidade. A tomada de consciência da verticalidade interior e exterior lhe confere uma nova percepção da existência.

Estar no "Centro" do espaço e do tempo é a primeira preocupação do *homo simbolicus*: os santuários, cidades e casas são concebidos com esse espírito. Viver, habitar, significa para o homem espiritual criar um laço com o Universo inteiro: o espaço orientado ao redor de um Centro se transforma num modelo reduzido do Universo.

O simbolismo do Centro expressa sempre um ponto de união onde convergem todas as dimensões do Universo, um lugar de encontro com as forças contraditórias que animam o mundo. É através do Centro, ponto fora do espaço e do tempo, que se produz a hierofania, a irrupção do Sagrado no mundo profano. O Centro recorda a origem, o lugar onde nascem as coisas, e os caminhos que o expressam e lhe dão forma são as seis direções do espaço (os quatro pontos cardeais e o eixo vertical que une a Terra e o Céu). Por isso, está também associado ao cume ou cúspide de onde emana e surge, de regiões invisíveis, a Criação.

Esse Centro, o ponto de partida da orientação, é simbolizado em geral por um poste sagrado que representa o Eixo do Mundo, o lugar onde Céu e Terra se encontram. No Egito, o pilar Djed, símbolo da estabilidade associado a Osíris, o representa. Às vezes, uma rocha, uma montanha ou uma ilha primordial podem substituí-lo com o mesmo simbolismo.

O Centro não é apenas um sinal espacial inerte que dá sentido às orientações: é também um ponto de convergência e de nascimento das direções do espaço, e um nó mágico que une os contrários. Encarna o "umbigo do mundo", o lugar onde se concentram as forças vitais e fecundadoras da natureza. Associado a essa imagem, o Centro expressa a relação misteriosa entre as energias invisíveis que alimentam a Vida e a realidade material visível que a expressa.

Por meio do rito de orientação pelos pontos cardeais, o homem é capaz de provocar a aparição objetiva do Sagrado, ou seja, do nó de energias que sustentam a Criação. Porque o rito de orientação não é uma simples representação do cenário mítico, mas o ato mágico capaz de provocar a aparição do Sagrado, ou "hierofania". O ato simbólico é criador de identidade. Graças a ele, a consciência expressa os componentes profundos do Ser, individual e coletivo. Às vezes, uma rosa ou uma bandeira expressam melhor os sentimentos do que um longo discurso [ver páginas em cores, IMAGEM I].

Os egípcios associaram o Centro de hierofanias ao hieróglifo *netjer* (ntr) [ver páginas em cores, IMAGEM II], que designa a palavra "deus" ou, melhor dizendo, a presença do "Sagrado, daquilo que rejuvenesce". Seu símbolo tem a forma de um mastro de bandeira que indica a presença de uma potência invisível, ou a forma de uma tocha mumificada, recordando o sacrifício da Ressurreição do deus Osíris. O adjetivo "divino", *netjery*, significa "ritualizado, em comunhão com o Sagrado, orientado".

Os ritos de orientação não buscam apenas um simples entorno "cosmicizado" para o ser humano, mas permitem que ele se converta num Ser cósmico em contato com o mistério do *netjer*, que participe das forças revitalizadoras da Divindade, que saia da linearidade e entre na eternidade, no Tempo Sagrado.

O Ser "orientado" é, para os egípcios, aquele que é capaz de dar um sentido a todos os seus gestos. Essa era a preocupação essencial dos faraós quando construíam seus monumentos: expressar uma Geografia Sagrada capaz de manter o homem perpetuamente reunido às energias do Céu e da Terra.

AS IMAGENS SAGRADAS E OS RITOS

O universo espiritual do Egito antigo nos revela suas chaves através da união da palavra e da imagem que se reúnem na escrita hieroglífica, que os gregos chamaram de "escritura sagrada".

A necessidade de escrever as palavras e não apenas figurá-las através de imagens tem como origem provável a necessidade de aprender o nome das pessoas e de perenizá-lo além da morte. Quando não se recorda o nome de um indivíduo, ele sai da memória, fica excluído do culto aos ancestrais e entra no esquecimento, ou seja, na morte. Nas primeiras dinastias, a única informação escrita que figurava nas tumbas dos faraós era seu nome junto à sua imagem.

Na escrita egípcia, podemos distinguir os ideogramas ou logogramas, símbolos que figuram o próprio objeto; os fonogramas, signos que devem ser lidos como consoantes isoladas ou séries de dois a três; e os determinativos, que são signos que não se lê, mas que indicam a categoria à qual pertence a palavra. Alguns hieróglifos pertencem aos três grupos.

Trata-se, portanto, de uma escrita que é simbólica e descritiva ao mesmo tempo. Veremos que esse é um elemento fundamental da magia: o que se descreve em hieróglifos não apenas se objetiva, mas está vivo porque sua essência é sagrada e, através de sua palavra, seu estado vibratório se expressa.

No Egito, a imagem é considerada como um núcleo de forças capaz de atuar ou de receber influências exteriores. O tratamento da imagem não persegue uma finalidade estética, mas uma finalidade mágica e sagrada. O objeto representado na pedra ou no metal obedece a uma rede de correspondências, de analogias que transcendem sua significação concreta. A imagem, para os egípcios, abre as portas de dimensões desconhecidas do Ser e do mundo.

Cada talismã-hieróglifo é uma imagem concreta concebida para atuar no plano sutil da existência. A cada imagem-talismã corresponde um ou vários signos que têm a função de ativá-la, de despertá-la (a repetição concentrada de palavras sagradas permite a criação de formas mentais em ressonância com o objeto que se ativa). Nos cânticos, grava-se o nome do deus, ou seja, seu poder vibratório, sua natureza misteriosa. Os materiais empregados para confeccionar as imagens-talismãs são todos "portadores de forças", são núcleos em que se refletem por vias analógicas certas energias do mundo visível.

Thoth, inventor dos hieróglifos, Senhor das medidas, personificava no antigo Egito todos os poderes que se podia obter na "arte das figuras sagradas" [ver páginas em cores, IMAGEM III]. "Os hieróglifos eram concebidos como desenhos capazes de ligar diferentes mundos ou níveis de realidade, o mundo exterior, a intimidade humana e hiperfísica, onde funcionam os poderes do mental e da matéria" (García, J., *Thoth, libro de los talismanes egipcios*, Editorial Picazzo, Barcelona, 1992).

Através dos ritos, o sacerdote egípcio "se identifica com a imagem", conferindo-lhe sua energia, enquanto a imagem lhe outorga sua forma ressoante: o sacerdote se transforma na imagem mediante a palavra (os cânticos) e o coração, que contém o poder da vontade e da imaginação. Assim, pode se comunicar com o plano superior e possuir temporariamente as qualidades das imagens divinas.

Do ponto de vista estritamente psicológico, a imagem tem uma importância capital como base de fixação de todo processo meditativo, assim como a invocação é um fator de sugestão ativa e transfiguradora. O campo da imagem ativada é essencial para qualquer experiência de interdependência entre o subjetivo e o objetivo. As funções ocultas das imagens egípcias mantêm uma correspondência simbólica com os arquétipos do inconsciente, não apenas coletivo, mas também universal. É possível ativá-las porque se encontram em nosso próprio espaço interior.

As imagens são como órgãos suplementares psíquicos e mentais latentes que, uma vez despertos, permitem a relação com os planos invisíveis que se encontram fora de nós ou no interior de nós mesmos. Elas se orientam em direção às energias analógicas com que podem estabelecer uma correspondência. A imagem atua através do gesto, dá cor e vida à mente, manifesta um dinamismo vital, unifica as representações e os sentimentos. A imagem é magia.

OS PRINCIPAIS SÍMBOLOS E AMULETOS

Os principais símbolos egípcios eram usados como amuletos que a pessoa levava consigo, viva ou morta, para que suas propriedades mágicas influíssem sobre ela. Através desses símbolos, os egípcios pretendiam "introjetar" na psique poderes espirituais com um estatuto ontológico independente dela e anterior a ela: as forças da origem do mundo.

Os deuses não eram projeções da fantasia dos antigos egípcios: eram captações, com o espírito, das leis que regem a natureza. Para eles, era possível produzir uma união entre a imagem física e o poder espiritual que representava.

Símbolos talismãs de proteção

- ***Udjat: o Olho de Hórus***

A palavra queria dizer literalmente "olho", mas não qualquer olho e sim o olho do falcão, o pássaro que simbolizava o Demiurgo Criador associado a Ra e a Hórus. Proporcionava saúde e força para se estar a salvo de todos os perigos, assim como vigor físico e boa sorte.

Era associada ao combate que opôs o filho de Osíris, Hórus, a seu tio, o usurpador Seth. Num dos combates, Seth, que representava as forças da desestabilização e dos raios, fez com que o olho de Hórus explodisse em sessenta e quatro fragmentos. Thoth, o deus da sabedoria, o socorreu e, com sua magia, recompôs o olho cego e lhe deu uma nova força. Assim, o Udjat se transformou num símbolo da vitória, mas também do conhecimento das leis interiores do Universo. Na verdade, seus fragmentos eram as partes que compunham o Universo e sua reunião numa nova totalidade significava o conhecimento.

Na linguagem hieroglífica, o Olho era (e é) o verbo "ir", "ver" e também "criar". Em geral, o Udjat era pintado na parte da frente dos sarcófagos e das naves sagradas para enxergar o invisível, o além. Os dois Udjat, esquerdo e direito, representavam o Olho do Sol e da Lua, respectivamente [ver páginas em cores, IMAGEM IV].

• *Talismãs em forma de serpente*

Em geral, a serpente é símbolo de sabedoria, intuição e alento divino. Como Merzeker, amiga do silêncio que protegia a necrópole tebana, e como Apofis, símbolo do "mal", das forças do caos, dos obstáculos do mundo inferior. Como talismã, usava-se em geral a cabeça da serpente Menkebyt ou Menkerit, feita de cornalina ou pasta vermelha. O vermelho era a cor asso-

ciada à deusa Ísis. A serpente estilizada figurava como o último hieróglifo (zt) do alfabeto egípcio. Era símbolo de amparo e salvação.

- ***Cartucho Real***

Era o talismã do nome, uma defesa para protegê-lo. Servia para manter e prolongar a vida do portador. O Cartucho (sni) [ver páginas em cores, IMAGEM V] aparecia como um simples prolongamento do hieróglifo "shen", que representava o ciclo solar, o ciclo do tempo eterno. Podia ser usado na cabeça como uma faixa presa atrás, como vemos muitas vezes no penteado das deusas Ísis e Néftis. Seu valor como nó mágico era predominante: representava uma haste de papiro em forma de círculo, atada numa das pontas.

- ***Nó Tit (o nó de Ísis)***

Era um talismã feito muitas vezes de cornalina, jaspe vermelho ou cristal vermelho, ou de qualquer outra substância dessa cor, que era a cor da deusa. Representava, de forma convencional, os órgãos genitais da deusa. O nó (ou laço) de Ísis ligava o centro da pessoa, "coração-ab", às forças telúricas e às energias do alto. Quem usava o nó Tit assimilava as virtudes do sangue da deusa. Estava em relação com a ideia de conexão, enlace, matrimônio, síntese.

Nas múmias, esse símbolo era posto sobre os pulmões, o coração e a cintura. Nos templos, era associado ao pilar osiríaco Djed, que representava o par alquímico Osíris-Ísis.

- ***As Coroas Reais***

A Coroa Vermelha "Desheret" expressava a soberania das terras do Baixo Egito. Relacionava-se a Uto, a serpente protetora que aparecia como deusa da cidade de Buto. Era associada também a uma grande labareda, uma serpente de fogo, e ao Olho de Hórus. Essa Coroa amamentava simbolicamente o rei.

A Coroa Branca "Hedyet", também denominada "Ueret", era do Alto Egito. Dava a posse da terra: quando o rei a colocava na cabeça, era como a cabeça do próprio deus Ra.

Juntas, compunham a Dupla Coroa, "Sejemty, os dois poderes". Eram consideradas como as duas serpentes que guardavam e protegiam o faraó. O deus da magia, Heka, era muitas vezes representado com as serpentes cruzadas sobre o peito. A Dupla Coroa é o símbolo da união dos contrários, da sujeição de todas as potências a uma dominação superior.

- *A Cobra Iaret*

Representava poderes muito parecidos aos das Coroas [ver páginas em cores, IMAGEM VI]. Era a destruidora dos inimigos.

Talismãs que outorgam poderes

- *Cetro Uas*

Era um símbolo do domínio, a insígnia mágica que os magos do Egito usavam. Esse bastão com cabeça de animal sethiano, que na parte inferior terminava numa espécie de forquilha, era o cetro do Poder Divino, o bastão do Poder dos magos.

Segundo a tradição, fazia surgir a energia do conhecimento e transmitia o alento que abria o coração à palavra de Deus. Era a base do nome da cidade de Tebas, Uaset, "a que tinha o cetro Uas" [ver páginas em cores, IMAGEM VII].

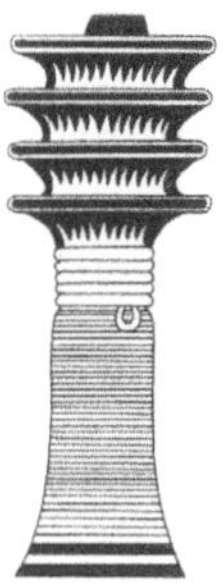

- ***Pilar Djed***

Era uma representação da espinha dorsal de Osíris e concedia ao defunto a capacidade de ficar ereto e, portanto, vivo. Outorgava estabilidade e duração. Símbolo da Ressurreição de Osíris, simbolizava a renovação e o incremento do potencial. Era associado ao Eixo do Mundo.

- ***Cruz Ankh ou Cruz Ansata***

Era o símbolo da vida: ao seu possuidor eram atribuídas as condições da vida. Originalmente, relacionava-se a um laço de sandália. Surge a ideia do nó que reforça os laços que se pretende estabelecer com as forças invisíveis. Os amuletos "enodados" tinham uma grande importância nas práticas mágicas egípcias. Isabel Franco disse: "O ato de ligar um tecido, uma corda ou ainda fibras de papiro, permite definir um círculo fechado, propício a reter as energias sobrenaturais". Entre as insígnias que contêm um nó estava o hieróglifo que aludia à ideia de proteção mágica (sa). Era um laço preso por uma ligadura.

Como cruz [ver páginas em cores, IMAGEM VIII], era o símbolo que unia duas partes complementares, a chave que permitia o contato com o Divino e o humano. Suas três letras guardavam um significado:

- A: um braço prolongado pela mão que expressava ação, como no caso do nome de Ra;
- N: significava o contrário, a passividade e a horizontalidade, representados pelas ondas da água;
- KH (j): um tamis que filtrava e misturava ao mesmo tempo.

Era constituído por dois elementos diferentes: os dois braços da cruz em forma de "T" e um nó em forma de asa (em relação com o verbo ligar e/

ou desatar). A parte superior, circular, era relacionada ao ritmo vital da vida eterna, que se reativa indefinidamente.

Era o hieróglifo do "shen", que evocava o périplo solar. O perímetro delimitado pelo círculo do shen continha o conjunto do Universo criado e regia o movimento do astro solar. O nome real era escrito no interior de um signo shen que, prolongado, formava o Cartucho Real. O nome do faraó dentro do shen indicava sua posição no Centro do mundo, que lhe permitia reinar sobre ele.

No Egito, o nó era o símbolo da magia por excelência porque permitia relacionar ou desligar pessoas e elementos entre si. A cruz em forma de "T" é hoje um velho signo da geração da temporalidade. O Ankh reúne a eternidade à vida temporal e tem a chave de seus mistérios. Não é apenas vida, mas concede a vida.

O ankh era também o símbolo do homem que conseguia produzir um vazio no intelecto (representado pelo círculo superior), como se fosse a cana de um bambu, para que o ar luminoso do espírito circulasse e pudesse assim obter sua cabeça de pássaro (Hórus). A atitude vital que propunha o homem Ankh era pensar com anseios de voo.

Juntos, os signos Ankh, Djed e Uas expressavam um talismã que simbolizava as condições de vida, estabilidade e saúde que caracterizavam os atributos do faraó.

• *O escaravelho Keprer*

Era associado à imagem do escaravelho peloteiro, símbolo do deus Ra, o Sol, Senhor da Criação. Os textos sobre o além (Duat) lhe atribuem a capacidade de transladar o disco solar pelo firmamento rodando-o entre as patas traseiras [ver páginas em cores, IMAGEM IX].

Representava o princípio da ressurreição dos defuntos: o seu nome já indicava devir, transformar-se, vir a ser.

A pelota que fazia rodar era associada à esfera solar, no nível cósmico, e à consciência interior, no nível humano. Keprer expressava a vida que "não morre e que se expande em intermináveis ondas seguindo um processo de progressiva purificação e enaltecimento". Qualquer obstáculo que surgisse nesse caminho renovava energias ocultas. Em geral, o amuleto era feito de pedras e porcelanas, verdes ou azuis.

Na parte plana, o ventre, eram escritas diversas fórmulas ou acontecimentos de um reinado, nomes de deuses e de reis. O escaravelho resumia todos os talismãs mágicos por seu significado de regeneração eterna. O escaravelho negro era associado ao Sol da noite, que se regenerava e renascia na escuridão. Essa cor, para os egípcios, não era fúnebre, mas símbolo da terra fecunda. Sobre o coração das múmias colocava-se um escaravelho azul-verde, que recordava o Céu e Osíris ao simbolizar o ciclo do renascimento. O Sol na alvorada tomava a forma do escaravelho, a Luz renascente.

• *O espelho e o sistro*

Nas mãos dos ritualistas, via-se com frequência dois instrumentos litúrgicos. Estavam associados, fundamentalmente, ao símbolo da deusa Hathor, uma forma da deusa Mãe associada a Ísis e a Mut, a mulher de Amon, deus de Tebas.

A oferenda dos dois espelhos era praticada nos ritos destinados a Hathor e Mut. "Hathor" significava a Casa de Hórus, ou seja, a Casa do Verbo encarnado, que não é outra coisa além do espelho do falcão solar. O disco metálico do espelho significava o disco solar. O cabo do espelho tinha várias formas: o cetro em forma de talo de papiro, símbolo do reverdecer; uma jovem nua que lembrava a deusa do amor; um cabo de obsidiana negra, cor da Ressurreição. Nos hieróglifos, a palavra "espelho" designava a cruz da vida: Ankh.

Exotericamente, o espelho era instrumento do perpétuo rejuvenescimento, da manutenção da beleza. Esotericamente, da porta aquática e ígnea (associada a Hathor e a Hórus), que permitia a passagem ao invisível. Por isso, figurava muitas vezes como oferenda no mobiliário funerário.

O outro símbolo de Hathor era o sistro, do qual existem dois tipos diferentes. Um deles, o sistro Sekhem, tinha um cabo em forma da cabeça da deusa Hathor e era encimado por varas com chocalhos, que se agitavam para dar ritmo às procissões. Era um instrumento musical que expressava a melodia da harmonia do Cosmos e apaziguava a forma colérica da deusa, a leoa Sekhmet, fonte do poder. O outro sistro era Sechechet, votivo, que terminava em forma de um navio e continha uma cobra, Ureus, ou o rosto de Hathor.

Associado ao hieróglifo do coração, era o protetor do *sancta sanctorum* do templo e estava relacionado também aos quatro pontos cardeais, aos canais através dos quais a Vida Una se expressa sob a forma dos quatro elementos.

• *Ureus*

Era a Cobra Real [ver páginas em cores, IMAGEM X], denominada "Iaret" em língua hieroglífica, a serpente por excelência, que se encontrava

nas origens da vida. Quando avançava pelo solo, seus movimentos rápidos e ágeis reproduziam a vibração primordial sobre as águas do Nun, representando a primeira manifestação da vida na Terra.

A cobra e a serpente, por extensão, eram associadas ao conceito de uma linha vivente que adotava todas as formas. Ciclicamente, trocava sua pele velha e emergia uma nova vida.

A cobra feminina, quando estava furiosa, cuspia veneno. Era a guardiã por excelência, associada a Ísis, Hathor e Sekhmet.

O hieróglifo da Cobra servia também para escrever a palavra "deusa". Seu símbolo era associado ao fogo. Erguida sobre a testa do faraó, era "o olho abrasador de Ra". Seu papel era destruir os inimigos do Egito e todos os que ameaçavam Maat, a justiça e a ordem. Era o símbolo da imobilidade e da atenção: o faraó era "a cobra" do Egito.

• *A pluma de Maat*

Essa pluma de avestruz [ver páginas em cores, IMAGEM XI] era o símbolo da justiça, da verdade e da solidariedade. Seu hieróglifo designava a presença da deusa Maat, que representava a condição para a existência de ordem inteligente no Universo. Inspirava a lei e vigiava para que o equilíbrio preestabelecido pelo Demiurgo, seu pai Ra, não corresse perigo.

Personificava o equilíbrio cósmico, encarnava a harmonia e os meios para pô-la em prática. Garantia a ordem universal e a regularidade dos fenômenos. Simbolizava o estado ideal das coisas que o Soberano se esforçava para alcançar e manter. Era a direção que dava o sentido da vida de cada um: cada homem devia realizá-la em seus atos.

Maat era um sistema de organização que relacionava a ordem e a desordem para permitir que as experiências fossem assimiladas, para que se tornassem disponíveis, utilizáveis e acessíveis. Sua inimiga é Isfet: a violência, a injustiça, a desordem, a irracionalidade.

A pluma era representada em geral num dos pratos da Balança, à frente do coração-consciência do defunto. Se o coração tivesse agido conforme Maat na Terra, era mais provável que a pluma e a alma do defunto tivessem direito a passar para o Reino de Osíris.

• *Esfinge*

A imagem da Esfinge expressava para todos os visitantes a alma do Egito. Os gregos viam nessa imagem um personagem ameaçador: em grego, a palavra "esfinge" vem de "estrangular, abraçar". Mas os egípcios a denominaram "shesep ankh, imagem vivente" [ver páginas em cores, IMAGEM XII].

Esse epíteto era atribuído unicamente à Grande Esfinge de Gizé, que reunia em si quatro deuses ou forças: Harmakis (em egípcio "hor-m-akhet, Hórus no horizonte"); Keprer, a luz do Sol na alvorada; Ra, o disco solar zenital, ao meio-dia; Atum, a forma do Sol no poente.

Essas quatro forças, reunidas como num quadrado mágico, continham as forças de transformação dos começos e fins do ciclo da luz, ou do nascimento do Universo e da alma. Heka, a magia, podia também tomar sua forma.

A esfinge não era, portanto, um deus em si, mas uma imagem do rei ou de certos deuses, que servia de receptáculo a suas emanações. As forças benéficas que continha e que atuavam através dela conferiam suas qualidades a suas formas materiais.

Era-lhe atribuído também o epíteto "Hu de Mênfis". Hu era o Verbo Criador, a emanação personificada de Thoth como Demiurgo. No plano terrestre, significa "ordem" e, em particular, a ordem do Rei. Assim, a estátua que a representava estava carregada dessas ordens, as forças do ciclo da Luz.

- *O Ka*

O Ka era a força vital geradora e afetiva que relacionava cada Ser com a força universal que anima o Cosmos.

Seu hieróglifo era formado por dois braços levantados num gesto de adoração ou abraço. O Ka era símbolo da oferenda e da proteção.

Além disso, representava uma outra noção: o nome, o Ren. O conhecimento do nome de cada ser era indispensável na magia egípcia na medida em que o nome guardava a identidade secreta. O fato de poder nomear outorgava domínio e poder de convocação ao mago. O Ka fornecia a força psicovital que permitia que o nome existisse. Designava também a faculdade que tem um deus, uma pessoa ou um animal, de realizar seus atos na vida. Por isso, era associado ao alimento e à oferenda, como sustento energético de todas as ações.

Quando o deus oleiro Knum fabricou com barro o primeiro corpo, criou ao mesmo tempo o Ka, o duplo psicoenergético do corpo físico que era na verdade sua matriz invisível.

Sem o Ka não há vida. Morrer, para os egípcios, era separar o corpo do Ka. O corpo físico pertencia a este mundo, enquanto Ka habitava no visível e no invisível: levava a alma até o invisível, atravessando a falsa porta da tumba. Assim, representava também a energia ancestral que era venerada nas tumbas pelos vivos.

Hórus, o deus fundador da Realeza faraônica, legou ao primeiro Rei humano o seu Ka Real, que se transmitia de coroação em coroação [ver páginas em cores, IMAGEM XIII].

Os princípios da arquitetura de pedra egípcia são inseparáveis do conceito de Ka. Como vimos, o Ka era uma manifestação das energias vitais não de ordem física, mas sim psíquica, o que explicava seu papel de animador dos corpos, das estátuas, das oferendas. Em sua manifestação, tinha um papel criador e conservador. Podia assim designar o poder da Criação próprio da Divindade ou netjer, como também as forças de manutenção que animavam a ordem universal, Maat.

Segundo alguns autores, o Ka é o "duplo celeste das coisas manifestas ou terrestres". Mas, na realidade, a definição deveria ser invertida: o mundo terrestre é uma "cópia animada" do Céu, graças ao Ka, que de alguma forma é o depósito das forças vitais de onde procede a vida, graças às quais a vida subsiste e para onde a vida retorna depois da morte.

"O desejo de uma continuidade eterna da existência encontra sua expressão tangível na arquitetura de pedra, já que só ela era capaz de fornecer um símbolo indestrutível da realidade visível do Ka. Ao contrário do edifício de tijolo cru, que bastava para a duração da vida humana, a construção em pedra podia resistir às investidas do tempo. É por isso que os egípcios só construíram em pedra os monumentos de eternidade, os templos e as tumbas, e jamais as casas e os palácios" (Schwarz, F., *Geografía sagrada del Egipto Antiguo*, Editorial Errepar, Buenos Aires, 1996).

O hieróglifo Ka estava estreitamente ligado ao gesto ancestral da transmissão de uma força espiritual. Vem daí a crença de que a pedra poderia ser a morada de forças sobrenaturais: a pedra erguida, que se torna piramidal. Isso nos permite compreender um dos enigmáticos textos encontrados na pirâmide de Unas: "Atum coloca seus braços por trás, ao redor do Rei, ao redor desta pirâmide, os braços do Ka, para que o Ka do Rei possa durar para sempre na eternidade".

O lótus: símbolo talismã de eternidade, Iniciação e Ressurreição

Uma das antigas versões egípcias da Criação mostrava o primeiro lugar que foi criado como um montículo de terra que se levantava das águas do Oceano universal, Nun. A primeira forma que nasceu era como um lírio ou lótus branco, que crescia no topo do montículo originário. Esse lírio era

um deus, o primeiro dia do ano, Nefertum, perfeito, completo [ver páginas em cores, IMAGEM XIV]. Nefertum foi honrado como precursor do Sol que sai das pétalas do lótus para dar vida ao mundo recém-criado (ver foto). O montículo também foi tratado como um deus denominado "Tatjenem", que significava "a terra emergente" e que foi associado ao deus Ptah, pai de Nefertum.

O trono de Osíris no palácio do além surgiu das águas primordiais. Destas se viu surgir um lótus florido que trazia o emblema dos quatro elementos que constituem até hoje o Universo, associados aos chamados quatro filhos de Hórus.

Nas cenas funerárias, via-se a alma do defunto aspirando o perfume do lótus, que simbolizava a eternidade e seu retorno – portanto, a origem do Universo, o primeiro dia da Criação.

Capítulo 2

A magia e o mundo invisível

A GEOGRAFIA SAGRADA: PORTA DO EGITO INVISÍVEL

Segundo a visão tradicional, o homem pode viver a experiência do Sagrado e se relacionar com o Universo através de uma Geografia Sagrada, que integra o espaço e o tempo, e cuja finalidade é reproduzir na Terra as configurações do mundo celeste. A Geografia Sagrada não é uma simples geografia física, mas constitui uma união direta entre o Céu e a Terra. Essa conjunção era celebrada em lugares geográficos precisos: o conjunto deles constituía um verdadeiro espaço sagrado.

O que se chama comumente de "espaço sagrado" não é apenas uma superfície, mas o espaço constituído por pontos de convergência onde se reúnem ou se combinam as potências do alto com as de baixo. Esse espaço pode ser comparado a uma imensa rede, cujos nós são as ligaduras, os pontos de convergência ou de "hierogamia" (casamento sagrado) entre Céu e Terra.

Assim, cada cidade, tumba ou templo egípcio era um desses nós mágicos, uma dessas ligaduras. Constituía um elemento estruturador da Geografia Sagrada e permitia o acesso dos egípcios ao Egito invisível.

Esse casamento entre os diferentes planos da existência era celebrado em certos momentos especiais do ano, determinados pela instauração de um Calendário Ritual que contava 105 dias festivos no Egito faraônico. A finalidade desse Calendário era dar vida e movimento ao espaço, unindo-o ao ritmo cósmico. Assim, o tempo se convertia também em sagrado e permitia a reintegração do homem ao Universo.

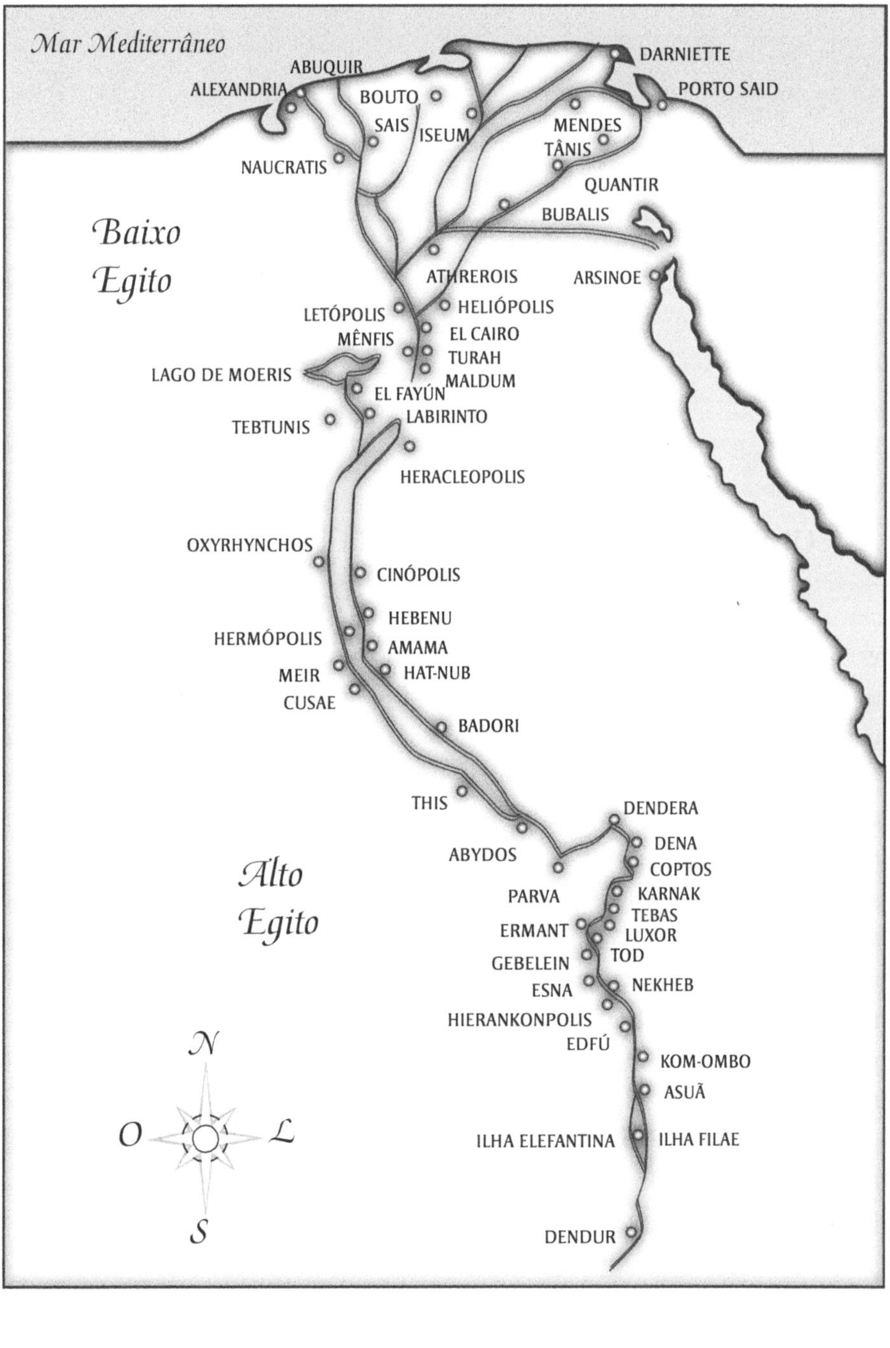
Mar Mediterrâneo
ABUQUIR
ALEXANDRIA
BOUTO
SAIS
ISEUM
NAUCRATIS
DARNIETTE
PORTO SAID
MENDES
TÂNIS
QUANTIR
BUBALIS
Baixo Egito
ATHRERÓIS
ARSINOE
LETÓPOLIS
HELIÓPOLIS
MÊNFIS
EL CAIRO
TURAH
MALDUM
LAGO DE MOERIS
EL FAYÚN
TEBTUNIS
LABIRINTO
HERACLEOPOLIS
OXYRHYNCHOS
CINÓPOLIS
HEBENU
HERMÓPOLIS
AMAMA
MEIR
HAT-NUB
CUSAE
BADORI
THIS
DENDERA
ABYDOS
DENA
Alto Egito
COPTOS
PARVA
KARNAK
TEBAS
ERMANT
LUXOR
TOD
GEBELEIN
ESNA
NEKHEB
HIERANKONPOLIS
EDFÚ
N
KOM-OMBO
ASUÃ
O
L
ILHA ELEFANTINA
ILHA FILAE
S
DENDUR

A Geografia Sagrada é um espaço-tempo cujo ritmo é marcado pelas revoluções dos astros e das estações. Sua referência é o Calendário.

O homem da sociedade egípcia cria seu próprio mundo (o território que ocupa, seu povo, sua casa) segundo um modelo ideal: o dos deuses ao criar o Universo. Isso não quer dizer que os homens se consideram iguais aos deuses, mas que não podem viver num "caos", que experimentam sempre a necessidade de se situar num mundo organizado, num "Cosmos". Graças aos ritos de orientação, o espaço profano, caótico e desprovido de sentido, se transfigura e se converte em Espaço Sagrado, ou seja, consagrado, habitado pelos deuses. Em uma palavra, se "cosmiciza".

O espaço adquire um sentido e, nele, o homem pode se incluir e viver ao ritmo do Tempo Sagrado que transforma o tempo linear (quantitativo) em tempo cíclico, que tudo regenera. Participa do percurso diurno do Sol [ver páginas em cores, IMAGEM XV], do trânsito noturno das estrelas e dos ciclos da Lua.

Uma relação eficaz se estabelece entre esta parcela terrestre e a imensidão celeste. Graças à orientação e ao Calendário Sagrado, o Céu e a Terra se reencontram e se interpenetram, provocando a união do que está no alto e do que está embaixo, do invisível e do visível.

O homem, como mediador entre o Céu e a Terra, é simbolizado pela figura do faraó [ver páginas em cores, IMAGEM XVI]. O Rei-sacerdote garante há milênios a união da Luz com as trevas para recriar perpetuamente um mundo coerente e habitável onde reine a harmonia e a justiça, que os egípcios chamaram de Maat.

Essa busca perpétua da harmonia e sua regeneração cotidiana permite vencer ciclicamente a ameaça constante do caos. Os egípcios perceberam rapidamente que a ordem da vida terrestre é precária e efêmera, submetida ao desgaste, à corrupção e à morte. Através da Geografia Sagrada ensinada nas Casas da Vida, ao lado dos templos, os sacerdotes egípcios conectavam, através dos ritos, o mundo terrestre à ordem celeste que o regenerava com sua energia invisível e o reorganizava de forma inteligente.

Os deuses egípcios habitam um espaço inteligível, acessível ao homem através da imaginação simbólica. Através dela, capta suas presenças restabelecendo a conexão entre o sensível e o inteligível. O espaço onde evoluem os deuses está associado ao triunfo sobre as contingências: ali se encontram os modelos que conduzem ao equilíbrio e à harmonia.

Os eventos mitológicos que se manifestam nessa dimensão indicam o que deve ser, não estando submetidos à precariedade terrestre. É o plano da existência, da Verdade e de Maat. Imitá-lo na Terra garantia a perenidade. A conexão entre os dois planos cabia ao faraó e a seus representantes em cada templo, os sacerdotes-magos das Casas da Vida.

A imaginação simbólica, ferramenta da Geografia Sagrada

A imaginação, como agente criador de formas e de representações de uma realidade vivida, tem por função nos fazer conhecer a região do Ser, além dos sentidos e do abstrato. A imaginação ativa cria o acesso ao intermundo entre os planos sensíveis e inteligíveis, ao próprio lugar de suas interações.

O grande estudioso Henry Corbin, introdutor da noção de "imaginal", distingue três níveis de realidade: o mundo dos sentidos (o observável), o universo abstrato (inefável, inteligível, mental) e, entre essas duas realidades, um plano médio que as une, o imaginal, sede da imaginação ativa. Quando este último, devido a patologias diversas, não garante seu papel de mediador, a imaginação se torna fantasia, separando a consciência da realidade.

As sociedades tradicionais sempre reconheceram uma organização tripartite do mundo, que Henry Corbin atualiza em sua obra *Cuerpo espiritual Y Tierra celeste* e que podemos representar assim:

- Mundo incognoscível: a sede do Mistério da Criação. No Egito, está relacionado com o momento em que o Demiurgo Atum, que estava dormindo nas águas primordiais do Nun, toma consciência de si mesmo e se ergue sobre as águas. Ninguém conhece sua verdadeira forma porque não houve testemunhas, já que estava sozinho. Esse é o Grande Mistério inacessível para a mente humana. Por isso, é chamado "Atum, o autocriado", "Um em seu Mistério". Em seguida, diferencia-se em todos os planos da manifestação, que são suas aparências no mundo dos deuses, que formam o plano inteligível ou ideal.
- Mundo imaginal: o Mundo da Alma, das formas imagináveis, visíveis mas imateriais, o Universo dos deuses-símbolo; o lugar paradoxal, o Mundo subjetivo.
- Mundo sensível: domínio das coisas materiais, das formas concretas, o Mundo objetivo.

Esse autor define o Mundo imaginal como "o lugar, o Mundo onde têm seu lugar... os acontecimentos visionários... assim como os atos simbólicos de todos os rituais de Iniciação".

A imaginação ativa oferece o acesso ao intermundo entre o sensível e o inteligível. Os egípcios situavam simbolicamente esse poder mediador no coração. O mundo imaginal, por suas funções mediadoras, acaba sendo a articulação, o gonzo do espírito e um passo obrigatório para integrar os contrários sem aboli-los: desse modo, funda a lógica inclusiva do "e".

Esse estado de ser é simbolizado no Egito pela figura de Osíris, o Ser paradoxal, o Ser morto e ressuscitado. O Mundo imaginal tem a capacidade contraditória de desmaterializar as formas sensíveis e de dar forma (mas não materialidade) às realidades inteligíveis, às quais dá aparência e dimensão. É a chave da magia egípcia e do famoso nó que reúne as dimensões inteligíveis e sensíveis. O sacerdote-mago não deve simplesmente conhecer fórmulas: tem que saber concentrar sua mente nesse plano, que permite a relação entre os mundos.

A capacidade imaginativa é o órgão das visões, o Olho de Fogo que permite a visão de formas teofânicas, simbolizadas pelos egípcios como o Udjat, ou Olho de Hórus.

Para o egípcio, o mundo imaginal é representado pela placenta que protege, nutre e dá forma ao embrião. É a primeira "pele", que se rompe no nascimento. É invisível durante a vida neste plano concreto. Permanece invisível como o gêmeo complementar do corpo físico, mas em nenhum caso é passiva, já que mantém a vida do corpo físico unida ao Ka.

Por meio da Geografia Sagrada, o território material das sociedades tradicionais se viu ordenado segundo seu Mundo imaginal, e sua Pátria terrestre se tornou assim uma verdadeira porta para a eternidade, um espelho entre Céu e Terra: uma nova Terra do paradoxo, uma Terra de imagens.

Toda imagem do Mundo tem que fazer coexistir os componentes contraditórios da vida, pois a linguagem conceitual ou analítica é incapaz, por sua natureza e sua estrutura, de expressar uma realidade contraditória ou paradoxal.

É por meio da imaginação ativa ou simbólica que a consciência consegue a representação de uma visão global, onde as coisas são mostradas como são e não como as vemos. Graças ao pensamento simbólico (imaginação ativa) e ao rito (gesto simbolicamente concreto), o egípcio se introduz na dimensão da participação na sustentação do Mundo. Assim, é "coadministrador" da Criação por sua ação de sacerdote, enquanto é ponte entre os dois Mundos.

Os deuses se manifestam no plano concreto graças aos templos e às estátuas em lugares de ocorrência hierofântica. O homem, ao contrário, tem acesso ao imaginal pelos princípios não observáveis (Ka, Ba, etc.).

A diferença entre os homens e os deuses está na capacidade relativa de ficar mais tempo em um plano ou em outro. O plano natural dos deuses é o imaginal, e o dos homens é o concreto; mas o homem constitui sua realidade com componentes dos dois planos, assim como o Egito terrestre é o duplo do Egito Celeste ou imaginal. Assim como os mortos vão visitar o Reino dos deuses (com seus componentes imaginais), os deuses também visitam os homens. Através de estátuas, pedras ou animais, o poder dos deuses pode emergir sobre a Terra, e é pela mediação do faraó, dos sacerdotes iniciados e dos mortos que o homem se expressa e participa do Mundo dos deuses.

Thoth, deus da Geografia Sagrada no Egito

Desde épocas mais remotas, o deus Thoth, depois relacionado pelos gregos ao deus Hermes, foi associado pelos egípcios às funções do coração e identificado, até a época ptolemaica, ao coração de Ra, ou seja, ao coração do Criador.

Para os egípcios, o coração (Ab) [ver páginas em cores, IMAGEM XVII] é associado à consciência e não aos sentimentos. Centro que une os contrários, o coração é a sede de duas funções: a memória e a imaginação. Graças à memória, o passado se une ao presente e, graças à imaginação, à capacidade de antecipar, o futuro se liga ao presente. Thoth, o senhor do coração, une assim os três tempos num só: a eternidade. Ele é o Senhor do tempo e do Calendário.

Mas Thoth é também o depositário dos princípios gerados nas origens. Por exemplo, na cidade de Hermópolis, é o Senhor da Ogdoada, dos Oito Deuses Primordiais, de poderes "psicocósmicos" ou virtuais, que permitem ao Mundo

emergente surgir de Nun, e que se organizam em quatro pares, formando os quatro ângulos da Colina Primordial.

As águas de Nun – o Oceano de virtudes nas cosmogonias egípcias – são representadas por uma serpente [ver páginas em cores, IMAGEM XVIII] que circunscreve em seu corpo todas as formas da existência. O Deus Thoth domina a serpente com ambas as mãos, convertendo-a em seu cetro: assim, pode dar forma ao Universo.

Graças à sua memória e à sua imaginação, Thoth pode encontrar as formas por meio das quais as coisas são produzidas e se materializam. É por isso que preside a fundação do templo, considerado como o lugar do coração. Thoth é aquele que domina o que é potencial e faz com que as coisas passem do virtual ao estado de realidade concreta.

Thoth é o escriba [ver páginas em cores, IMAGEM XIX] que elabora as formas sagradas. Outorga a palavra e a imagem às coisas; seu nome contém "todos os Nomes, todas as Luzes, todos os Poderes". Anima os princípios abstratos e permite sua encarnação formal. Assim, inspira todos os sacerdotes ritualistas. Thoth é o "encenador", o realizador que ativa a virtualidade, função em outros tempos atribuída a Sia, "a imaginação, o pensamento".

As Casas da Vida, das quais Thoth era o Patrono, atravessaram toda a história do Egito faraônico. Sua missão era traçar os itinerários físicos, psicológicos e mentais, permitindo ao homem se unir ao conjunto de seus componentes: seu papel ia muito além do poder temporal do faraó.

Por outro lado, os gregos compreenderam que Kem (o antigo nome do Egito, que deu origem ao termo "alquimia") era o país de Thoth e, graças a uma filiação ao mesmo tempo hermética e hermenêutica, o Ocidente pode se beneficiar de certos conhecimentos alquímicos e espirituais do antigo Egito. É assim que a Arte Real, na Idade Média, designava a arquitetura sagrada e a alquimia.

É o deus Thoth que inscreve os resultados do Juízo do defunto no além, que se apresenta diante dele no Tribunal de Osíris.

É claro que, no pensamento egípcio, a atividade simbólica está no coração de todas as metamorfoses. Nada se consegue, ainda mais no além, sem a conexão com a atividade simbólica por meio do defunto.

O medo e a vacuidade só podem ser vencidos por quem é capaz de vencer a adversidade em seu próprio terreno. Graças à imaginação ativa, o homem inspirado por Thoth se situa no coração da contradição, no centro dos opostos, tornando-os complementares. Todos os meios de que dispõe nossa personalidade se unem num conjunto articulado: a imaginação ativa, da qual Thoth é o modelo divino. Enquanto função cósmica, opera a reintegração dos meios do indivíduo num todo harmônico, mas contraditório. Essa função e esse papel de Thoth são fundamentais no itinerário da alma no além: depois da síncope da morte, ela tem que recuperar todos os meios para renascer numa personalidade renovada, tal como um Ser transfigurado.

A Teologia da magia egípcia e os mistérios da conexão com o visível

Nos dias de hoje, é muito difícil compreender o sentido que os egípcios da época faraônica davam à magia. Herdeiros da cultura das religiões do livro, a magia nos parece um desvio perigoso da prática espiritual. Uma busca de poderes pelo poder em si, uma forma de dominação, uma aliança com forças escuras e malignas.

Desde a Grécia clássica, passando pelo Cristianismo, foi proposta a divisão entre religião e magia, consideradas praticamente antagônicas. A hiper-racionalidade sempre teve medo das forças ou energias que escapam à sua análise. E, em geral, em vez de tentar compreendê-las por outras vias, prefere excluí-las e ocultá-las, provocando (às vezes) fendas irreparáveis entre o inconsciente e a consciência, entre a sensibilidade e a racionalidade.

Mas antes da época greco-romana, a vida espiritual e religiosa não estava separada das práticas em que se estabelecia a comunicação com os poderes ocultos e invisíveis. As práticas dos Mistérios e da Iniciação procuravam proporcionar aos adeptos experiências reais de contato com outras dimensões da existência. No Egito, a religião era mágica e cerimonial, não estava separada da magia.

A magia implica o conhecimento do que se denomina "sobrenatural", ainda que para ela não o seja, pois se trata na realidade de outro aspecto ou dimensão da natureza. A prática da magia tradicional não busca efeitos ou milagres, mas estabelecer uma correspondência, uma relação de simpatia entre as partes e o todo para que interajam em harmonia. Trata-se, finalmente, de buscar e manter a harmonia entre a Terra e o Céu. Isso exige de cada um, como veremos mais adiante, um grande trabalho interior para se conhecer, para se dominar e para se transformar num autêntico canal das leis que dirigem o Cosmos. No Egito, a magia "tinha por finalidade e fundamento o conhecimento da natureza do Universo e dos meios sensíveis, para controlá-lo pelo bem da humanidade e da Criação" (Jacques, Ch., *La tradition primordial de l'Egypte ancienne d'après les Textes des*, Editorial Pirámides, Paris, 1988).

No antigo Egito, não havia nenhuma palavra para "religião" tal qual a entendemos hoje. Paradoxalmente, a palavra mais próxima é a que se traduz correntemente por "magia": Heka. O reconhecido egiptólogo A. H. Gardiner explica: "Do ponto de vista egípcio, podemos dizer que não existia 'religião': existia apenas 'Heka', cujo equivalente mais próximo é 'poder mágico'". Trata-se de um princípio personificado como um Ser divino.

Os egípcios temiam que os conceitos se tornassem simples abstrações sem sentido nem aplicação prática. Queriam manter sempre a conexão entre os planos da reflexão e da ação, do visível e do invisível, dos deuses e dos homens. Por isso, preferiram a linguagem simbólica e cada conceito ou princípio foi personificado como um símbolo. Segundo os egípcios, para se conhecer realmente alguma coisa, é preciso entrar numa relação viva com o sujeito e, mais ainda, com "Heka" que, como veremos, é próprio do vivente.

Heka é o Poder que tudo penetra e que sustenta tudo o que existe, no nível espiritual ou material. Vive na palavra criadora do Demiurgo heliopolitano Atum. Nos textos dos sarcófagos do Médio Império, descreve-se a si mesmo como a energia divina que salvaguarda tudo o que foi ordenado pela

Divindade. Heka dá vida aos deuses como Poder Criador contido na Palavra Divina: esse Poder é assimilado a Atum-Kepre (o escaravelho), a primeira Luz surgida do horizonte. É o Pai de tudo o que é manifesto, expressa como Multiplicidade o Mistério do deus Uno, Atum, "aquele que é e não é". É associado a ele o hieróglifo dos quartos traseiros de um leão, que significa "palavra criadora": poder e força são seus atributos naturais.

"Heka é o poder pelo qual o espiritual se torna manifesto, pois é o vínculo entre a Divindade Atum e tudo o que procede de Atum. Temos que pensar nesses dois aspectos relacionados: Heka como o Poder Divino que sustenta e impregna tudo o que existe no mundo material e no mundo espiritual, e Heka como o meio pelo qual os diferentes níveis, material e espiritual, se relacionam entre si e podem entrar um no outro" (Naydler, J., *El templo del Cosmos*, Editorial Siruela, Madri, 2003).

É através de um caminho de desenvolvimento interior prévio que o indivíduo pode manejar o poder mágico. Terá que compreender, harmonizar e depois ativar Heka como se fosse seu canal porque ninguém dá ordens aos deuses. O sacerdote-mago é seu mediador, um canal de transmissão, purificado pelo desapego e pelas virtudes interiores. O próprio faraó Pepi, da VI Dinastia, confirma: "Não sou eu quem diz isso, ó deuses: é Heka quem diz isso, ó deuses". Para se assimilar a Heka, é preciso dialogar com os deuses.

Já nos Textos das Pirâmides, encontramos a associação entre a magia e o órgão do coração (Ab) que, para os egípcios, é a sede de todas as energias espirituais e da vontade. "Do coração nascem os conhecimentos que são repetidos pela língua." No coração reside a identidade-consciência Ba de cada um. No Julgamento do além, é o coração que responde no prato da Balança diante de Maat, a deusa da Verdade e da Justiça.

No Egito, a magia tinha se convertido numa condição necessária para a obra de transmutação interior. Heka é a ciência do invisível e do não concreto e, ao mesmo tempo, uma capacidade pessoal que serve para conjurar os maus acontecimentos do destino, participando da manutenção do equilíbrio cósmico.

O poder da magia não apenas impregna, mas liga também todos os níveis da realidade material e espiritual. Os nós e a magia estão intimamente relacionados. A palavra "Heka" é composta por dois hieróglifos: He (nó) e Ka (a força procriadora, a aura, a potência magnética que dá alento ao corpo e o protege). Pode-se traduzir Heka como o Poder do nó ou de ligar, reunir, atar. Atar alguma coisa significa fixá-la, protegê-la. Sete nós protegem Osíris. Ísis, a deusa da magia e do conhecimento, tem como atributo o nó Tit.

Deus deu Heka aos homens como arma para fazer frente aos efeitos do condicionamento do ambiente material e psíquico. Sua prática pede uma ação voluntarista sobre as causas naturais ou intangíveis. Ativa o potencial vital de coisas criadas pela palavra, imagem ou escritura. Mas é também o meio pelo qual o ser humano, e finalmente a Criação, volta à Divindade Una, à fonte não manifesta de tudo o que existe.

Há uma íntima relação entre Heka e Maat, a ordem justa, a ordem inteligente. Para os egípcios, toda criação mágica tem como finalidade a harmonia dos contrários, a relação harmônica (justa) entre a parte e o todo. Heka equilibra as desarmonias e produz como resultado Maat.

Os deuses têm também outra forma de magia (Aju) ao lado de Heka, que lhes confere os poderes de sua própria natureza. O conceito de Aju é associado a "personalidade luminosa" ou "poder sobrenaturalmente efetivo". O homem comum podia se converter em Aju se passasse nas provas do além depois da morte. Mas, nas Casas da Vida, certos seres alcançaram em vida, graças à Iniciação, um nível de conhecimento superior de si mesmos e da natureza, que lhes permitiu atingir o estado de "Ser de Luz", ou Aj (aquele que tem o poder de Aju). O Aj era considerado um "Ser útil" que trabalhava segundo a Maat graças à aquisição da faculdade criadora do Verbo e, portanto, apto a abrir o espírito e o entendimento aos candidatos à sabedoria.

"Juntos, Heka e Aju constituíam a força mágica por excelência para criar e prevenir a ação negativa de qualquer outro agente. Esses conceitos eram simbolizados pelo Ureus Real (a Cobra), que tinha o poder de proteger e de castigar ou destruir seus inimigos" (Martín Valentín, F. J., *Los magos del antiguo Egipto*, Editorial Oberon, Madri, 2002). Para praticar a magia, o homem tinha que conseguir se manifestar como Aj, ou seja, um ser iniciado.

Religião e magia, a imaginação simbólica

Para compreender melhor o sentido das semelhanças entre a magia e a religião no Egito, é preciso saber, como escreve Paul Barquet, que "a religião egípcia não é exatamente um politeísmo, mas um monoteísmo com facetas". Deus pode ser invocado sob tal nome ou tal aspecto num lugar e, em outro, sob outro nome ou aspecto. Para retomar uma fórmula do *Livro dos mortos*, "Deus é único, transforma-se em milhões de seres, está em cada coisa".

A magia tem por função criar ressonâncias cósmicas a favor do morto e também defendê-lo contra qualquer ação ou sortilégio lançado por um eventual adversário terrestre. Com efeito, o morto teme a magia negra praticada contra ele pelos antigos contemporâneos, assim como teme a ação nefasta das forças celestes. "Pela magia (Heka), o texto exerce pressão sobre os acontecimentos, mas ela não foi concebida para tornar inocente o culpável diante do Tribunal de Osíris."

No capítulo 30 do *Livro dos mortos*, fica claro que o egípcio sabe que não pode transgredir a ordem do mundo mediante artifícios. "Não imagineis falsidades contra mim diante do Grande Deus, Senhor do Ocidente." O fundamento essencial da doutrina funerária egípcia corresponde antes de tudo ao domínio da fé. Ela leva aos vivos a realidade dos deuses, onde cada um busca a salvação de alguma maneira.

A tradição egípcia considera a magia como "arma defensiva para resistir aos golpes do destino" oferecida aos homens por Deus, mas também como meio de recriar o gonzo que une o Céu e a Terra, o que está em cima e o que está embaixo. Essa é a ideia que sustenta aquilo que o pensamento tradicional, definido pela Geografia Sagrada, concebe: a articulação que permite unir o espaço-tempo essencial, único *habitat* da alma liberta de necessidades contingentes.

A iniciação do sacerdote-mago na Casa da Vida

Desde a mais alta antiguidade, os sacerdotes-escribas do Egito se iniciavam nas Casas da Vida, denominadas Per Ankh. Eram como colégios de sacerdotes, perto dos templos, onde ficavam suas bibliotecas: a "câmara dos escritos". Ali se estudava astronomia, medicina, matemáticas, textos teológicos e tratados de magia. Acima de tudo, como indicam os textos, ensinava-se a "abrir o coração" (para permitir o acesso da sabedoria) só para quem não era alheio a esse conhecimento, já que se tratava de um verdadeiro segredo da Casa da Vida (Papiro, *British Museum*, 10042, 6, 10).

Um antigo papiro mágico, decifrado e conservado até hoje (Papiro, *British Museum*, 10051), nos permitiu compreender que esse não era apenas um lugar de ensinamentos e Iniciação aos Mistérios da Vida, mas um modelo para manifestar a harmonia universal do Egito em cada terreno, casa, tumba, palácio ou templo (para um aprofundamento do tema, ver: Schwarz, F., *Egipto revelado*, Editorial Kier, Buenos Aires, 2005).

Cada parte do Egito tinha que estar unida ao Universo para ter acesso à vida universal, à eterna regeneração e ao equilíbrio dos contrários. A verdadeira morte não era a cessação de vida física, mas a perda de conexão com as leis do Universo.

O modelo da Casa da Vida contém toda a sabedoria necessária para que as leis do Cosmos e da natureza expressem a vida e o equilíbrio universal em qualquer construção terrestre, permitindo assim o surgimento do sentimento de eternidade e permanência a que aspiram todas as almas dos vivos e dos mortos. Ele nos dá a chave da Geografia Sagrada do Egito faraônico.

O diagrama místico oculto na Casa da Vida é sintetizado no símbolo da Cruz da Vida e de Luz. Esse símbolo é a alegoria da união mística entre o curso divino das águas do Nilo (Sul-Norte) e o trajeto da Luz do Sol no Céu (Leste-Oeste): através dessa Cruz unem-se o Céu e a Terra, permitindo a circulação da vida universal.

Os sacerdotes empregavam a Cruz na organização de sua Geografia Sagrada, no desenho de todas as suas construções e formulações rituais. Assim, converteram o Egito físico em um espelho do Céu, um Centro de comunicação excepcional entre as forças visíveis e invisíveis do Universo, permitindo ao homem egípcio o acesso a novos estados de consciência que facilitam uma alquimia interior. Esta sabedoria consiste em reconhecer a função e a utilidade de cada aspecto da natureza (tal montanha para entrar em contato com o invisível, tal rio para a fecundidade, tal planície para os ritos...) e utilizá-las para favorecer o desenvolvimento da sociedade e do homem, construindo cidades e praticando rituais que se integrem a ela, associando-se às leis do equilíbrio universal.

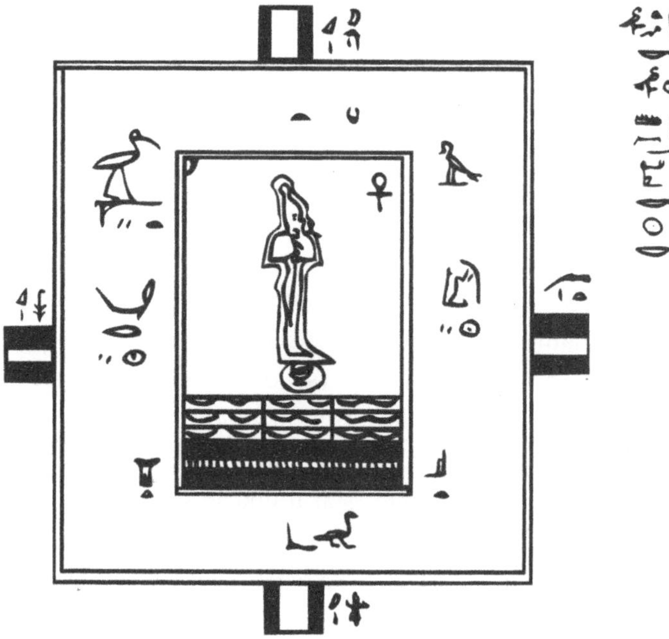

Aprofundando o estudo do papiro, a nova antropologia nos revela que a Casa da Vida era composta por quatro construções em cruz, cujo centro é uma sala quadrada. Cada parede da sala central conduz a uma porta que se abre para cada um dos pontos cardeais, os pontos por onde se manifesta a vida.

No centro do quadrado mágico fica a estátua vertical do deus Osíris em seu sarcófago. O deus da Ressurreição está olhando para o Leste e o hieróglifo da vida, a Cruz Ankh, fica no canto superior direito do retângulo interior. Osíris é a chave da instituição da Casa da Vida. Por ter vencido a morte, conhece os mistérios do renascer para a vida e do eterno retorno aos ciclos. De pé, no meio da sala da revelação, simboliza o "eixo vertical" que une o Céu à Terra. Diz o papiro: "Geb, o deus da Terra, é seu chão, e Nut, a deusa do Céu, seu teto".

Como "Senhor de todo o Egito", aparece em pé sobre o hieróglifo dos nove arcos, símbolo dos nove povos que formavam a nação egípcia. Em nível cósmico, representa nessa posição a Colina Primordial, nascida das águas do Oceano originário, de onde surge tudo. Essa Colina simbólica inspirará depois o desenho das pirâmides.

Sobre sua cabeça, nos ângulos superiores do retângulo de Osíris, aparece simbolizado o Eixo do Nilo, também chamado terrestre, que comunica os conhecimentos para triunfar na Terra através de Hórus (Norte), que representa a ação e a ordem, e de Thoth (Sul), deus da sabedoria, inventor dos hieróglifos e dos rituais. A seus pés, nos ângulos inferiores do retângulo, o Eixo solar ou terrestre – manifestado através dos hieróglifos de Ísis (Leste), a matriz universal, e de Néftis (Oeste), as forças cósmicas triunfantes da morte – personifica os agentes da Ressurreição e da renovação do Sol que renasce a cada dia.

Em princípio, os dois Eixos da Cruz da Vida e de Luz aparecem como duas dimensões paralelas no retângulo de Osíris lembrando que, sem Iniciação, a ordem terrestre e a ordem celeste parecem ser dois mundos separados. Mas, através do exemplo de Osíris, "Senhor da harmonia dos contrários", os eixos da existência terrestre e celeste se entrecruzam dando vida à Cruz. Sem ter morrido no físico e renascido no espiritual, não seria possível ao mago operar com eficácia no mundo dos deuses e trazer as energias até o mundo físico.

"A Casa da Vida tinha um caráter esotérico, era uma formação que oferecia o conhecimento do mundo invisível através de um caminho de desenvolvimento interior. Era só mediante uma viagem real ao Outro Mundo que o estudante podia chegar a conhecer o que ali havia; e era só experimentando o mundo dos deuses que o estudante podia compreender sua natureza" (Naydler, J., *op. cit.*).

É por isso que cada Casa da Vida era edificada do mesmo modo que a magnífica cidade-templo de Abidos onde ficava o Santo Sepulcro de Osíris. Esse lugar, chamado *Osírion* (ver Capítulo 8), simbolizava a Colina Primitiva da Criação do mundo. Em Abidos era possível reencontrar a origem da vida e, portanto, da imortalidade. Ao menos uma vez na vida, todo egípcio devia fazer uma peregrinação a esse lugar, para se iniciar nos mistérios da eternidade.

Com a Cruz da Vida e de Luz, os sacerdotes converteram o Egito físico num espelho do Céu, um centro de comunicação excepcional entre as forças visíveis e invisíveis do Universo, permitindo ao homem egípcio o acesso a novos estados de consciência. Os candidatos a sacerdotes-magos passavam por vários graus de mortes e renascimentos simbólicos. Segundo o papiro, eles são "os seguidores de Ra (o Sol) que protegem a cada dia seu filho Osíris".

O sistema estabelecia uma "pupilagem" dirigida por um sacerdote experimentado. O candidato começava como "aprendiz, Hery-A" (literalmente, "quem está sob a mão de alguém"), dirigido por um iniciado ou mestre denominado Nebef (literalmente, "seu Senhor"). Cada superior da hierarquia era chamado de "Grande mago da Casa da Vida", Ur-Hekau; os da base, os magos oficiais "a pé", eram denominados Jery-Hebet, "sacerdote leitor ou mago ritualista".

Nas Casas da Vida existiam ao menos três categorias de mago: o sacerdote encarregado do culto mágico, denominado Fekety; o sacerdote encarregado dos sacrifícios rituais de caráter mágico, ou Henty; o sacerdote leitor dos livros sagrados de Thoth, ou Sesh-Netchery-Shefedu-Djehuty. Havia também os sacerdotes responsáveis pela transcrição do culto na pedra, carregando-a de Heka. Eram denominados Ur-Hemet-en-Per-Ankh: "Grande artesão da Casa da Vida".

Para que o cerimonial mágico funcionasse eram necessários quatro fatores: o mago, as imagens sagradas, as palavras sagradas e os atos rituais

O mago tinha que reunir em sua personalidade e em sua formação as condições, como já vimos, de ser um Aj que possuía Heka. Graças às provas iniciáticas a que tinha se submetido, desenvolvia ou despertava em si mesmo, enquanto espírito luminoso (Aj), a faculdade de possuir o Poder da Criação, com que os deuses tornaram possível o nascimento do Universo. Através da morte simbólica como Ser temporal, o iniciado egípcio conseguia retornar à Origem, ao Centro de onde emergem ou nascem as coisas.

Estabelecido em seu coração-centro, sede dos pensamentos e da imaginação simbólica, chega às imagens sagradas que residem no plano dos deuses e que se manifestam no mundo terrestre em formas simbólicas. Já dissemos que os símbolos atuam como nós que ligam o mundo invisível com o mundo visível. Sua estrutura foi concebida como um *médium* que provoca relações de simpatia entre os diferentes planos da realidade.

Essas formas tomam vida quando o sacerdote-mago entoa as palavras sagradas que expressam sua força. O modelo mágico egípcio se baseia no poder da palavra, Ra; o Demiurgo Criador é representado por hieróglifos que simbolizam as ideias de "palavra e ação". Ra é a palavra em ação. Mais tarde, esta concepção será encontrada na *Bíblia*: "No princípio era o Verbo, o Verbo estava com Deus e o Verbo era Deus" (Jo 1,1). "Ra é o criador dos nomes de seus membros, que nasceram sob a forma dos deuses que estão em seu séquito" (Papiro de Any, Cap. XVII).

Conhecer o nome verdadeiro de alguma coisa é possuir sua identidade, e poder convocá-la com a palavra é dar-lhe existência. O nome dos diferentes seres e entidades é a fórmula secreta de sua essência e de sua estrutura. O mago modela a imagem espiritual do ser convocado projetando sua imagem mental e dando-lhe vida com sua palavra criadora. Esse era um dos maiores segredos do ensinamento nos Mistérios: obter a voz exata, capaz de nomear com eficácia as forças da natureza e convocá-las, ser iniciado à condição de Maa-jeru, "Justo de Voz".

"O ato ritual de escrever o nome pronunciado em um papiro ou em uma estela até que se materialize a imagem física do ser convocado. A ideia de que a imagem representada pelos hieróglifos pode se converter em algo real e vivo, por meio de sua enunciação em voz alta, é a razão pela qual a maioria dos textos funerários reais, recolhidos no interior das pirâmides ou nos hipogeus, carecem de determinativos – signos que esclareçam o significado real do conjunto dos elementos fonéticos, que indicam apenas o som ou a pronúncia da palavra (...)" (Martín Valentín, F. J., *Gramática egipcia. Iniciación a la lengua clásica escrita en sistema jeroglífico*, Aldebarán Ediciones, Madri, 1999).

Como esclarece Erik Hornung, a magia é um aspecto da religião egípcia. Nem todos os sacerdotes eram magos ou iniciados: havia inclusive uma ordem de sacerdotes leigos que viviam nos templos durante quatro meses por ano, e o resto do tempo com suas famílias. Só um pequeno número de sacerdotes residia permanentemente nos templos e chegava à Iniciação espiritual de alto grau. Eram eles que se ocupavam dos ritos sagrados no *sancta santorum* dos templos.

"A religião [egípcia] não trata apenas das forças ativas e dos perigos que podem afetar a comunicação dos homens com os deuses e os espíritos, mas com todas as outras formas e possibilidades em que essa comunicação pode se expressar. A religião proporciona ao homem uma orientação e um modelo de comportamento no conjunto do Universo, no aqui embaixo e no além. Mas, onde o perigo ameaça, o homem põe sua esperança no poder infalível da magia" (Hornung, E., *L'esprit du temps des pharaons*, Editorial Hachette, Paris, 1998).

A função ritual do Rei-sacerdote

Já assinalamos que a magia consiste em prestar uma colaboração humana ao cumprimento dos planos divinos. No Egito, seu principal ator era o faraó [ver páginas em cores, IMAGEM XX]. Através do cerimonial de coroação, o Rei recebe a Heka dos deuses e se transforma em modelo de todos os magos da Terra. Como sucessor dos deuses na Terra, tem entre suas principais obrigações a manutenção da Criação do primeiro dia do mundo.

Como escreve H. Frankfort em *La Realeza y los dioses*: "Para as sociedades tradicionais, tudo o que tinha um significado estava incrustado, inserido na vida do Cosmos, e o Rei tinha precisamente a função de manter a harmonia. No Egito, a Realeza era a via pela qual as forças da natureza penetravam no corpo político para fazer frutificar o esforço humano".

O Rei era chamado de "Senhor dos ritos" e "Senhor das Coroas". Eram suas Coroas que lhe traziam a Heka e sua Iniciação lhe dava o conhecimento necessário para manter a vida e se converter num viajante cósmico no além. Era o centro do Pensamento Gerador, o meio pelo qual o Universo criado se fazia visível e sensível aos olhos do resto dos mortais.

O Rei devia ser, antes de tudo, um Pontífice, uma ponte entre o Céu e a Terra, que assegurasse harmoniosamente a dupla passagem das energias a que o mundo visível está submetido. Paradoxalmente, não é o poder temporal a principal preocupação do Rei-sacerdote, mas o Sagrado, já que é o mediador entre o Sagrado e o profano. Tem um poder espiritual globalizador, capaz de unir a natureza, os deuses e os homens.

As duas oferendas que o faraó fazia à estátua divina eram: a reconstituição do Olho de Hórus por um lado e, por outro, a pluma de Maat que lhe tinha sido entregue pelos Deuses. A cada dia, o faraó tinha que reconstituir o Olho de Hórus e assim mostrar que guardava a Sabedoria e que podia guardar o Olho dos deuses. Esse Olho protetor representava a capacidade de reconstruir em sua plenitude original as coisas afetadas pelo desgaste do tempo. "Posso curar o mal, reconstruir aquilo que o mal destruiu", ele dizia. Assim o faraó vencia o desgaste e guardava o reino em um Tempo Sagrado: era o Senhor do Calendário. Como segunda oferenda, o faraó tinha que oferecer a pluma de Maat, deusa da justiça, que concedia a medida e a justiça a cada homem. Ao conhecer a medida de todas as coisas, era Senhor do Espaço, Arquiteto Divino, Criador do Tempo.

Por meio dessas oferendas, o faraó cumpria o gesto essencial de toda liturgia [ver páginas em cores, IMAGEM XXI]. Tendo recebido seu poder dos deuses, tinha que devolver durante a noite o que eles lhe tinham dado. Restabelecia-se assim o circuito da energia, que por essa razão podia se perpetuar: assim, devolvia o que tinha recebido.

Nesse momento, o faraó se convertia na "imagem divina na Terra". Confirmava sua consagração e mostrava que podia oferecer, a cada dia, o Olho e a pluma que lhe tinham sido entregues pelos deuses. Por meio desse ato mágico, fundamentado em um sentido real do serviço e da abnegação, obtinha uma dinâmica ascensional e convergente, da qual Deus era ao mesmo tempo origem e fim último.

Graças à sua função ritual e não política – no sentido moderno do termo –, a Realeza se expressa nas sociedades tradicionais. O Rei é principalmente um "Mestre de Cerimônias" que, por meio dos rituais, aciona uma dinâmica ascensional na sociedade. Celebrar os ritos em todo o país, animar cada santuário com o hálito divino de que é depositário, é o primeiro dever social do Rei. Para o Egito, uma sociedade sem ritos não passava de um conjunto disparatado de indivíduos que jamais chegarão a viver juntos. E o faraó é aquele que conhece o maior segredo da harmonia social: a arte de adorar os deuses...

Os sacerdotes de cada templo aparecem como hipóstases – imagens análogas do Rei-sacerdote – para ajudá-lo em sua função de manter a ordem cósmica. Oficiando em centenas de cidades do Egito, vestidos e atuando como o faraó, os grandes sacerdotes de cada templo se convertiam no próprio faraó e representavam o Eixo do mundo.

Através de seus sacerdotes, o Rei-sacerdote organizava uma cadeia de responsabilidades que permitia a passagem vertical e horizontal das energias. Por meio dessa capacidade de fazer reintegrar conscientemente o profano e o Sagrado, ele aproximava seu povo das forças das origens.

Capítulo 3

O outro mundo

Durante o dia, o Sol traça em sua trajetória, do Oriente para o Ocidente, o caminho da Luz – ou o corpo de Nut –, que os egípcios simbolizavam através de uma bela mulher com os pés voltados para o Oriente e os braços estendidos apoiados no Ocidente, desenhando assim, com o corpo, a curva do Céu [ver páginas em cores, IMAGEM XXII].

À noite, o Sol leva seu fulgor irradiante para o além e é simbolicamente engolido pela boca de Nut, o que significa que entra em uma nova dimensão totalmente fora do alcance das percepções humanas. O interior do corpo de Nut é um mundo separado do espaço exterior da manifestação visível, do qual o Sol surgirá a cada alvorecer, como que nascendo da matriz do Céu.

Esse outro mundo onde residem as almas dos mortos, chamado Duat, é o mundo do deus Osíris [ver páginas em cores, IMAGEM XXIII]. Nas ilustrações egípcias, o Duat não aparece sob a terra, como poderíamos supor, ao contrário de sua representação da maioria das civilizações, como por exemplo o Hades grego. É um mundo profundamente interior, que se encontra dentro do corpo dos Céus. Simboliza uma ordem espiritual que as estrelas visíveis simplesmente expressam.

Qualquer criatura que o penetre, inclusive o Sol, perde suas formas exteriormente manifestas. "Desacondicionam-se" do espaço-tempo físico e adquirem formas novas. Porque "embora o Duat possa ser concebido como uma espécie de lugar, é menos um lugar do que uma 'condição de ser' que as coisas têm ao deixar a existência física e antes de voltar a ela. Por isso, é o lugar para onde vão os mortos e, igualmente, de onde vêm os vivos (...). É aí que preexistem antes de nascer para a luz do dia e para onde voltam ao renunciar das formas físicas" (Naydler, J., *op. cit.*).

A Divindade que rege o Duat é Osíris, que governa os ciclos de geração e destruição, de aparição e desaparição, a lei do eterno retorno a que estão submetidas todas as criaturas. O corpo de Osíris arqueado em círculo, de maneira a fazer os dedos dos pés tocarem a cabeça, engloba o Duat. É uma inversão da forma do Ouroboros, ou "serpente que morde a cauda", com que os egípcios figuravam a alma do mundo. Nessa atitude, Osíris eleva os braços para sustentar Nut, que está em pé sobre sua cabeça portando o disco do amanhecer. O Duat é uma dimensão subjetiva que só as faculdades da alma podem perceber, e não as personalidades ou os sentidos terrestres.

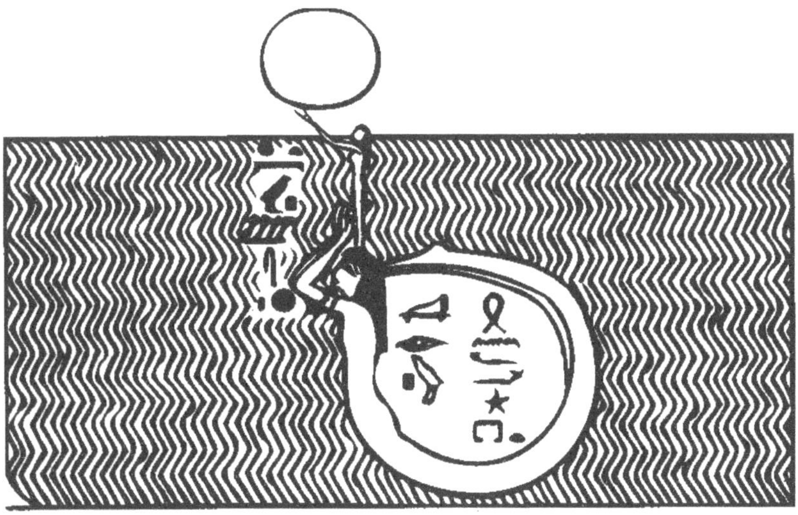

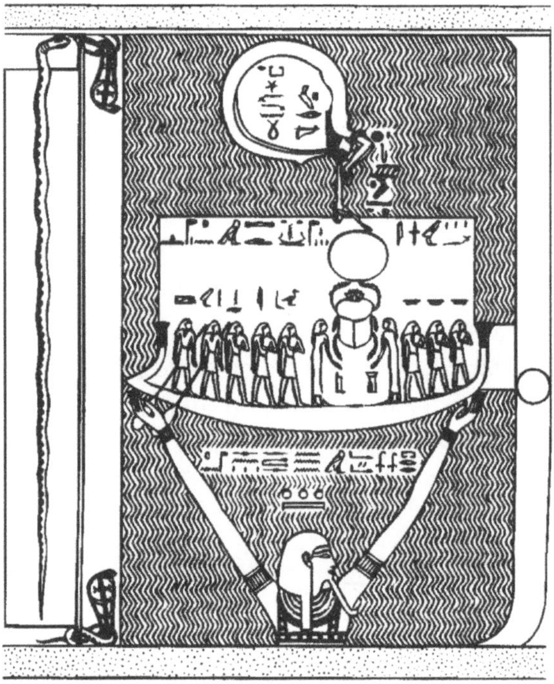

O Duat não está sob a terra, mas abaixo do horizonte. É a força simbolizada pelo Oeste, como a Criação é simbolizada pelo Leste. Esses dois pontos simbolizam para os egípcios o objetivo e o subjetivo, o visível e o invisível.

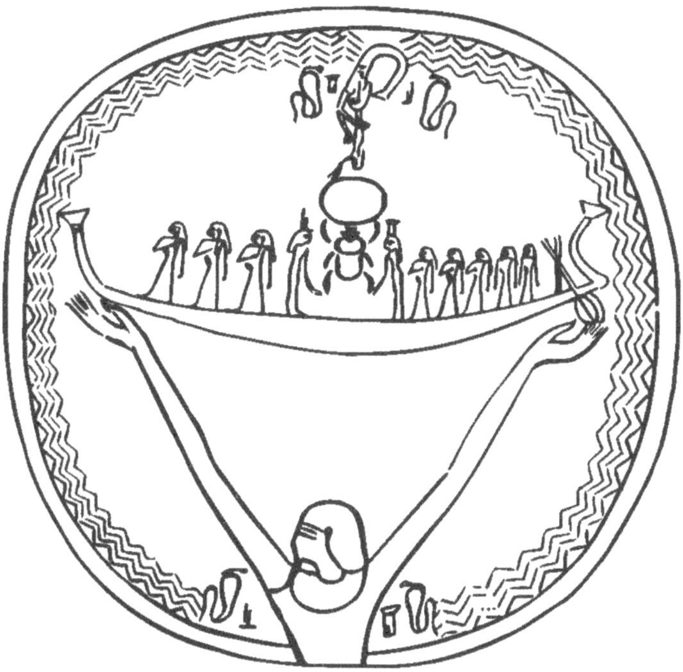

A palavra "Duat" se traduz como "lugar do nascimento matutino". Isso faz alusão à ideia de uma região situada entre a noite e o dia, entre a escuridão e a luz. Assinala a região de onde se viaja da escuridão para a luz, da noite para o dia, do invisível para o visível, do mistério para a revelação.

É um mundo não manifesto, cheio de força, de Heka. No Duat, "as coisas não existem como fenômenos observáveis nem meramente físicos (como nossa Terra), nem puramente espirituais (como o Céu dos deuses), mas em um estado invisível mas dinâmico, de metamorfose e transformação" (Clark, R., *Myth and symbols in Ancient Egypt*, Harper Torch Books, Nova York, 1996).

O Duat é um mundo intermediário entre o Céu e a Terra, onde as almas-Ba se regeneram para voltar a ter um corpo físico (Khat) na Terra ou viver como um espírito (Aj) no Céu. O outro mundo está sempre a caminho de um mundo superior. Nunca foi considerado um lugar físico, nem tinha uma localização física exata. Sua realidade é psíquica e pode entrar nele qualquer um que se aproxime da fronteira da consciência sensorial normal. Não só os mortos têm acesso a ele por ter ultrapassado os limites do mundo físico, mas todo aquele que possa atravessar, ainda que momentaneamente, essa fronteira, como vimos no caso dos sacerdotes-magos que se iniciavam na Casa da Vida.

No Duat estão as energias psíquicas que é preciso dominar e transmutar no caminho para a realização espiritual, que o *Livro dos mortos* egípcio associa à saída da alma para a luz do dia.

As provas pelas quais a alma-Ba do defunto passa em sua passagem pelo além são de ordem psíquica e mental, exigindo profundo domínio de si mesmo, capacidade de adaptação e conhecimento das leis que dirigem o mundo. À medida que vai atravessando portas, a alma se transmuta, cresce e se torna luminosa. No final das provas, ela tem direito à "grande prova" do Juízo de sua razão-consciência no Tribunal da Maat, presidido pelo Senhor do Duat, Osíris. Se passar nesse julgamento, ela terá direito às moradas superiores e às transfigurações em um Ser celeste e luminoso, que lhe permitirá sair do Duat e fazer parte da tripulação da barca do Sol, participando assim da manutenção e da recriação perpétua da vida.

O outro mundo é uma inversão do mundo conhecido, como se fosse um mundo de espelhos, onde o que é aparentemente conhecido se revela à observação como algo misteriosamente diferente. As tumbas representam o viajante do outro mundo diante de um Universo que caminha com os pés no Céu, indicando que a primeira grande experiência no além é a desorientação e a confusão, que põem à prova a centralidade obtida pelo indivíduo na sua vida terrestre, e sua capacidade de se reorientar além das circunstâncias. É a mesma prova que o mago tinha que vencer diante do ambiente hostil: tinha que se situar de novo, imaginariamente, na ordem ideal prescrita pela Casa da Vida, que garantia a proteção e a correta utilização de seus meios.

Por isso, na representação do Duat aparecem os que conseguem caminhar voltados para cima, porque recuperaram o equilíbrio, e os que continuam avançando de cara no chão, desgovernados e temerosos.

Segundo o egiptólogo Erik Hornung, o Duat é composto de três níveis:

- Uma fina camada superior que o Sol atravessa nas primeiras horas do poente e do futuro amanhecer, que constitui um horizonte intermediário (Ahet) entre este mundo e o além.
- Vem em seguida o mundo "de baixo", cortado ao meio pelo rio Urnes do além, que corre do Oeste para o Leste e é considerado um braço do Nun (para os egípcios, o Universo surge de um Oceano Primordial que atua como um caos, onde residem todos os germens das virtualidades que virão à existência e para onde volta, ao final,

tudo o que existiu). Nas ribeiras do mundo "de baixo", cujas margens correspondem às do rio Nilo terrestre, residem as almas-Ba dos deuses e dos defuntos bem-aventurados. Durante sua travessia no mundo invisível, a essência do Sol regenera os habitantes do além.

- Um terceiro estrato mais profundo é o último nível do Duat e escapa ao domínio do Sol. É o lugar da aniquilação ou Hetemit [ver páginas em cores, IMAGEM XXIV]. Nenhum raio do Sol pode iluminá-lo: é um abismo sem fim preenchido pelas trevas primordiais que presidiram a Criação. Hetemit é povoado por forças destruidoras que aniquilam tudo o que tocam. Os seres maus são conduzidos para lá, suas almas destruídas e seus nomes dissolvidos no nada.

A escrita hieroglífica simboliza "o nada" com um disco negro que lembra a destruição e é uma condição necessária à Criação. A decomposição dos corpos regenera a terra. Assim é que o mundo do além apresenta uma face dupla: de um lado, a esperança da regeneração e, de outro, a certeza da dissolução.

Os primeiros mapas do mundo inferior, recolhidos do Império Médio, mostram uma região rodeada por um círculo de fogo, que só pode atravessar quem esteja puro. No final dessa região reina a Luz Absoluta, representada pelo deus Haroeris [ver páginas em cores, IMAGEM XXV], Hórus o antigo, o Demiurgo do mundo. Para ali chegar, há dois caminhos (ver foto), um de terra negra, o de Ra, outro de água azul, o de Osíris: um solar e outro lunar. Esses caminhos chegam ao lugar onde estão recolhidas as essências divinas: Ro-Setau (a porta do Ocidente) [ver páginas em cores, IMAGEM XXVI]. Dali, sete portas de acesso desembocam na região da Luz. Como veremos mais adiante, essas sete portas foram simbolizadas no Grande Templo dedicado a Osíris por Seti I, em Abidos, e conduziam ao Reino de Osíris.

No Novo Império, surgiu o *Livro do que há no Duat*. Nessa obra, o mundo inferior está dividido em doze regiões: cada uma delas corresponde a uma das horas da noite e a uma das portas simbólicas, ou provas, que abrem caminho até a Luz Absoluta.

A viagem ao outro mundo se realiza geralmente por uma região muito pantanosa, onde predomina o elemento água (fonte de vitalidade e purificação). A água representa também um grande obstáculo porque separa as margens da existência e é preciso um profundo esforço interior para se "equipar" interiormente para a travessia. Os textos egípcios são muito inte-

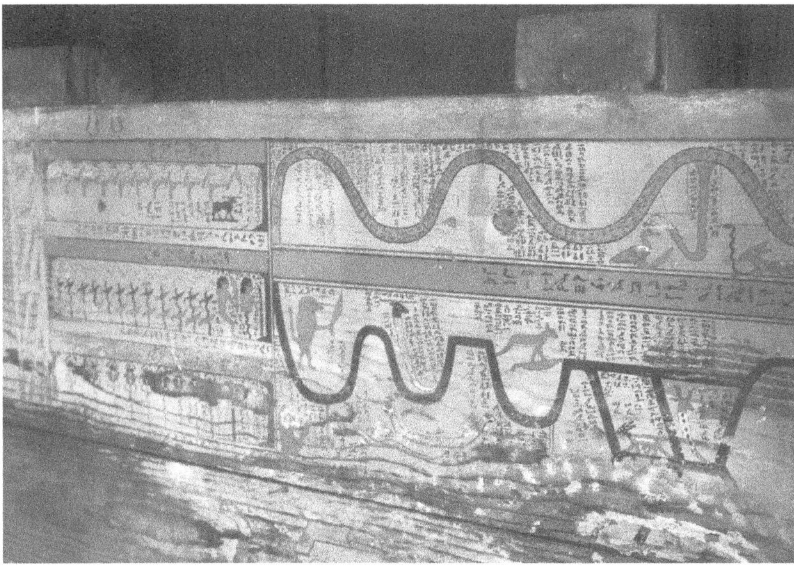

ressantes nesse aspecto. A alma tem que procurar sua barca, seu meio de transporte supraconsciente. Tem que reconstruí-la com a imaginação, conhecendo todas as suas partes e segredos, porque a barca simboliza o Universo. Depois terá que conduzi-la e enfrentar o perigo subterrâneo que se esconde nas águas: a serpente Apofis, a imagem do mal e do caos desestabilizante. Essa região tinha o nome de "campo dos juncos", Sejet Aa Ru (ver páginas em cores, IMAGEM XXVII], e era o lugar da purificação por excelência, onde a alma procurava a paz ou a felicidade, Hotep.

O viajante do outro mundo deve estar completo, ou seja, íntegro. Deve ter reconstruído todos os aspectos de seu ser, como Osíris. Para isso, tem que agir como um mago, amarrando as partes ao todo.

É edificante o diálogo entre o viajante e o barqueiro. Começa assim:

Viajante: – Oh, Mahaf – o barqueiro, o que vê atrás de si – tu que estás dotado de vida, desperta Aqen – o guardião da barca – para mim, pois como vês, cheguei.
Mahaf: – Quem és tu que vens?
Viajante: – Sou um mago.
Mahaf: – Estás completo?
Viajante: – Estou completo.
Mahaf: – Estás equipado?

Viajante: – Estou equipado.
Mahaf: – Curaste teus membros?
Viajante: – Curei meus membros.
Mahaf: – Quais são os membros, mago?
Viajante: – São o braço e a perna.

O final da viagem ao outro mundo

O viajante chega acompanhado pelo deus Anúbis, que exerce o papel de mistagogo, ou daquele que abre as portas para a sala da Balança que governa o equilíbrio cósmico, a sala de Maat, e declara:

"Viajei até os limites da alma-Ba,
o Senhor de Djedu (Osíris)
me permitiu aparecer como um pássaro Bennu (fênix)
para ter o poder da palavra.

Atravessei o rio na cheia,
fiz oferendas com incenso,
estive em Abidos no templo de Satet,
afundei o barco de meus inimigos.

Entrei em Ro Se Tau,
vi as coisas ocultas que ali se encontram.

Que o equilíbrio dos pratos da balança, que tu (Anúbis) realizas, esteja em nosso coração."

Antes de ter o direito de entrar na sala de Maat e antes que seu coração seja justificado como seu servidor, o viajante deve passar pelas provas de conhecimento, demonstrando que conhece a estrutura da porta que lhe dá acesso à união com o Cosmos.

A sala de Maat é o vestíbulo do santuário de Osíris no Duat. Lá habitam os quarenta e dois deuses que alimentam as quarenta e duas regiões do Egito, ou Nomos. A sala é o próprio Egito como reflexo do Universo. A alma será julgada sobre sua capacidade de manter a harmonia e o equilíbrio na Terra de Kem.

A sala do Juízo é o espaço interior, pelo qual se chega diretamente àquilo que alimenta o Divino no interior de cada um. Para o coração do viajante transmutado pelas provas, é como um retorno ao lar. Mas quem não estiver em sintonia com essas energias de harmonia sentirá repúdio e uma dor profunda – e tentará fugir e se refugiar na escuridão.

Lá o viajante fará sua declaração de inocência que, por sua vez, é uma forma ritual de purificação na entrada de todos os templos. Como espírito brilhante ou Aj, sua vontade pronunciará a famosa confissão negativa composta de quarenta e duas partes, que respondem a cada deus.

"Dei pão ao faminto e água ao sedento,
vesti o desnudo e dei uma barca a quem não a tinha.
Realizei oferendas aos deuses e sacrifícios aos brilhantes.

Sou puro de boca e puro de mãos,
vim aqui para testemunhar a verdade
e pôr a Balança em seu suporte no país sagrado."

Por ter reencontrado seu equilíbrio, a alma pode voltar à sua origem, o Reino de Osíris, e participar da reconciliação das forças contrárias que regem o Universo, personificadas por Hórus e Seth. Finalmente, apresenta-se triunfante diante de Osíris na sala do trono, dirigindo-lhe a palavra:

"Aqui estou em tua presença, Senhor do Oeste.
Não há maldade em meu corpo
Não falei mentiras.
Não houve um segundo erro.

Concede-me ser um dos favorecidos que estão em teu séquito, oh Osíris,
concede-me ser absolutamente favorecido por ti, bom deus.

Concede-me ser amado por ti, Senhor das Duas Terras.
Concede-me ser justificado diante de ti, oh Osíris."

Osíris é o objetivo final da viagem ao outro mundo. Graças ao contato com ele, o Ba pode ser transmutado em um Ser de Luz e renascer para a vida celeste. Transforma-se em um Osíris desperto que compreendeu sua conexão interior com a Divindade Suprema, o espírito autocriador que dá origem a todos os deuses.

Capítulo 4

O mito de Osíris: morrer para renascer

Osíris é o deus que preside os mistérios do Egito invisível. Seu nome egípcio é Usir, literalmente o trono do Olho ou da estrela. Evoca, portanto, o trono luminoso que flutua sobre as águas do caos. Em seu palácio, no Duat, ele é visto sentado no trono que flutua sobre as águas primordiais. A Luz de Osíris é a Luz primordial, invisível aos olhos dos profanos. Como a descreveu perfeitamente o professor Jorge Livraga, é a Luz azul revestida pela pureza do portador do amor. É a Luz da Ressurreição e a potência criadora que garante a vida a partir de sua fonte mais alta.

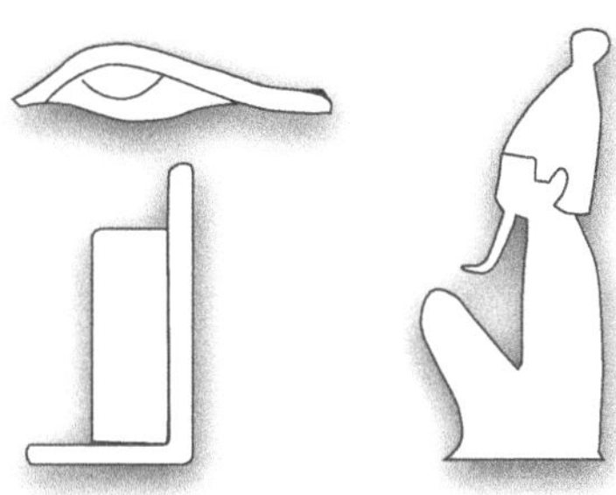

Osíris geralmente usa a Coroa Branca [ver páginas em cores, IMAGENS XXVIII e XXIX] do Alto Egito, associada às forças de Ra. Cruzados sobre o peito, ele segura os dois cetros do comando, que simbolizam a capacidade de unir os contrários, o bastão do bom pastor Heka, que representa com seu gancho a força de atração, o poder de criar a vida, e o chicote Nekhek, a força de repulsão, a combatividade necessária para protegê-la.

Osíris é um deus que absorveu com os milênios várias divindades arcaicas, como o deus pastor Anedjty de Busíris e, fundamentalmente, ao deus cão de Abidos, Khentamentiu, o primeiro dos ocidentais, e a sua forma de chacal Upuaut, aquele que abre os caminhos da eternidade. Seu estabelecimento em Abidos, considerado seu Santo Sepulcro, é um evento capital na história sagrada do Egito, como veremos.

Para os egípcios, os deuses se expressam na Terra através de suas estátuas; no Duat, recebem suas múmias, ou corpos gloriosos de regeneração e, no Céu, sua alma Ba habita as estrelas. A alma de Osíris foi identificada com a constelação de Órion.

Associa-se por um lado à vegetação, à fertilidade e ao ciclo de renovação, presidindo o eterno retorno e a vitória da vida sobre a morte.

Todo homem é um "Osíris" – por isso o morto é chamado de "Osíris N." (tal) – e tem que enfrentar em cada uma de suas vidas a investida de Seth e dar uma parte de si mesmo para atravessar o caminho. Osíris representa o poder que cada homem tem de "osirificar-se", ou seja, de chegar ao estado de herói que aceita o combate para renascer.

Nos mistérios, observa o professor Livraga, enterrava-se o candidato como uma semente, para que de sua forma de vida comum surgisse uma forma de vida divina que, por sua dimensão vertical, o levasse ao mundo dos deuses.

OS DEUSES DO CICLO OSIRÍACO

Para compreender o mito do ciclo osiríaco, temos que considerar em especial o significado dos deuses Seth, Ísis, Néftis, Anúbis e Hórus. Temos também que mencionar o Demiurgo da teologia de Mênfis, a primeira capital do Egito unificado, do qual Osíris herda certas características.

Seth [1], chamado em egípcio de Sutekh ou Setek [2], é literalmente “aquele que vem do Sul” [3], “o das vendas”. É representado na forma de um animal mitológico não identificado e sua cor é a do deserto: vermelho. É a única divindade de pele vermelha do Egito. Associa-se ao poder do raio e à força que desestabiliza aqueles que não estão firmes em si mesmos, energia indômita e indomável. No ciclo de Ra, é o defensor da barca [4] contra as investidas de Apófis, a serpente do caos.

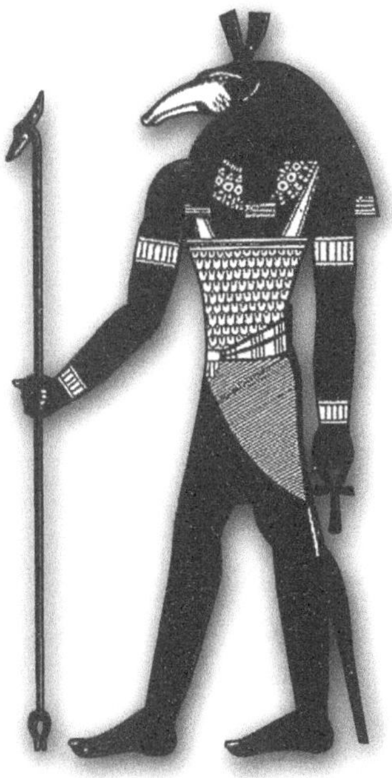

1

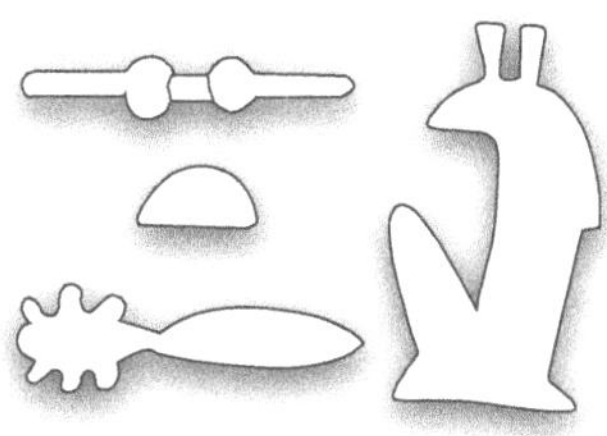

2

3

4

Sua personalidade é muito complexa, pois pode ser benfeitora, protetora ou destruidora e terrível. Durante a Época Baixa, quando os Mistérios foram se perdendo, seu simbolismo reteve apenas as características negativas.

Seth é a oposição, põe constantemente à prova as forças do bem, necessárias para todo equilíbrio (Maat). Sua ação as mantém despertas e as impede de cair no conforto e na inércia. Sua missão é manter em estado de alerta as forças benéficas do Cosmos.

Hórus [5], "Horu", em egípcio, é representado por um falcão. Como filho de Ísis e Osíris, é chamado de Horsaisé, "Hórus filho de Ísis" [6], o Senhor do Norte, filho e herdeiro de Osíris [7]. É sua contrapartida ativa na Terra.

5

6

7

É representado como um menino com o dedo indicador sobre os lábios. É o protetor dos reis e os purifica durante seu batismo. Como adulto, é um combatente e simboliza a ação justa como Thoth, o pensamento justo. Junto a Seth, representa a luta dos contrários.

Em Abidos, o Santo Sepulcro de Osíris recebe o nome Hornedj-itef (Harendotes), Hórus o curador de seu pai [8].

8

Desde a época arcaica, encontramos Hórus o Grande ou o Maior [9], para diferenciá-lo do filho de Ísis, sob a forma de Haroeris, Herou-ur [10]. Sua função é cosmogônica e ele é associado a Ra, o disco Solar, como Pai de todos os deuses, Senhor do Céu.

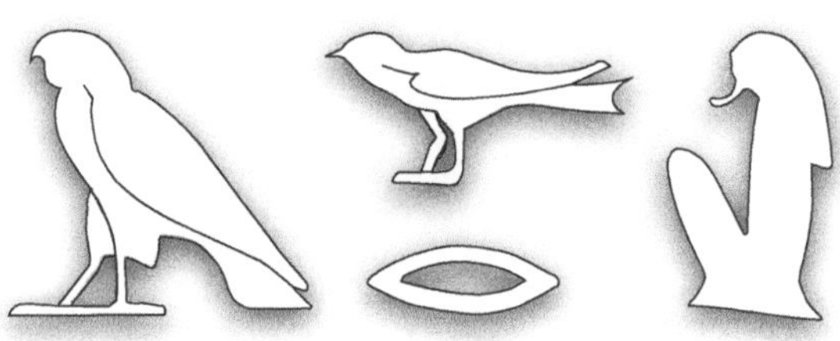

9

10

Ísis, Aset em egípcio [11], pode ser reconhecida por seu hieróglifo, o trono. Foi chamada de Netheret, a grande Divindade. Rege o destino, é a Senhora da Vida [12] que ajuda o morto em suas transformações, conduzindo-o ao renascimento. Finalmente, é assemelhada à matriz universal Hathor [13]. É a deusa dos nascimentos; a nutriz divina do Rei; é o símbolo da sabedoria, "conhece o nome de todos os deuses", e por isso é também a deusa da magia. Sua alma reside na estrela Sírio Sedepet [14], a mais brilhante do firmamento. Ao amanhecer do mês de julho, indicava a cheia do Nilo e trazia a abundância do novo ciclo: "Sou a princesa das estrelas, sou o ano".

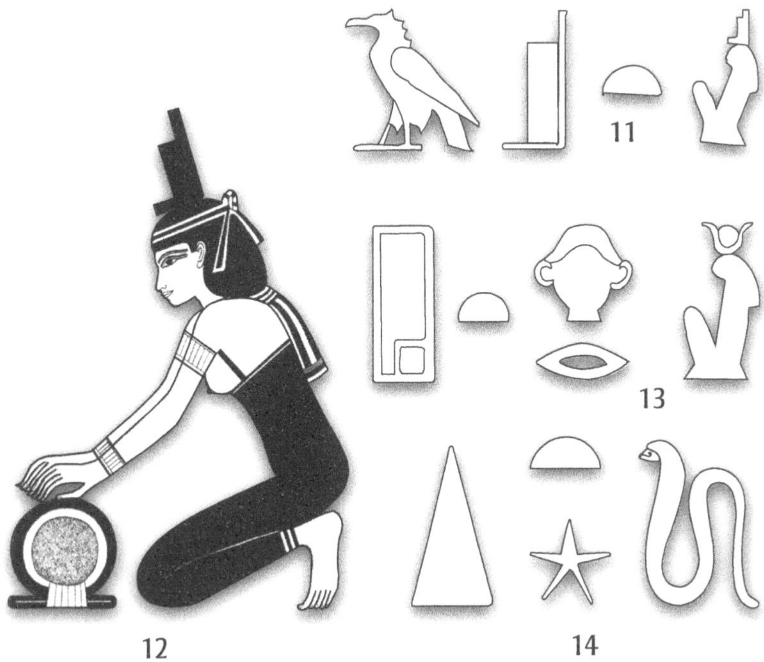

Néftis [15] é a irmã gêmea de Ísis e esposa de Seth, Nebet-jut, a Senhora do Castelo, que está associado ao templo, ao trono e ao Universo. Sua cor é o amarelo e seus elementos a terra e o ar. Protege a cabeça de Osíris, ao Oeste; e a sua irmã Ísis os pés de Osíris ao Leste. Juntas, com suas asas, trazem ao deus o vento da Ressurreição. Néftis [16] é a força do bem triunfando sobre a morte no plano cósmico. É a filha menor da Terra e do Céu.

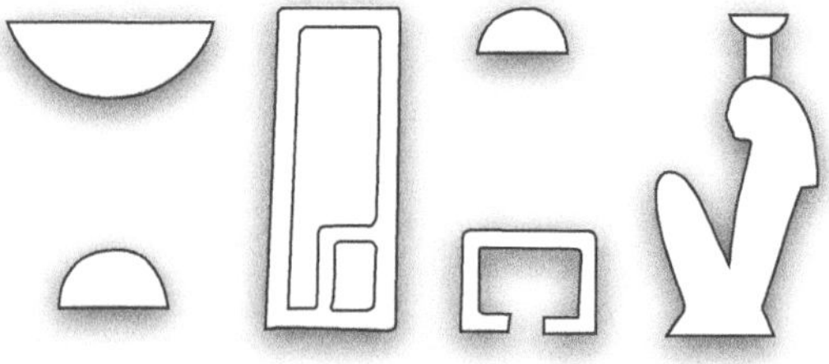

15

16

Anúbis [17] ou Inpu é representado como um cão negro sobre um cofre em forma de capela [ver páginas em cores, IMAGEM XXX]. Associa-se também ao chacal e ao lobo. É o guardião da necrópole, aquele que conhece o segredo da reconstituição do corpo de Osíris, o inventor da mumificação [18] e de sua magia. É denominado "o Senhor que põe as vendas". Antes de entrar na terra, a múmia é posta em pé durante a cerimônia da abertura dos sentidos do defunto, que assim inicia a viagem no além desperto e consciente. Conduz a alma transfigurada em sua crisálida ao Juízo de seu coração e a julga ao lado de Thoth. Habita a pirâmide negra, a montanha ocidental e sai à sexta hora da noite para conduzir as almas ao Vale do Amenti.

17

18

Como Upuaut [19], é um chacal ou um cão-lobo em pé [20]. Abre os caminhos, é guia dos deuses e de Hórus, o combatente. É o guardião do Céu superior diurno e do Céu inferior noturno.

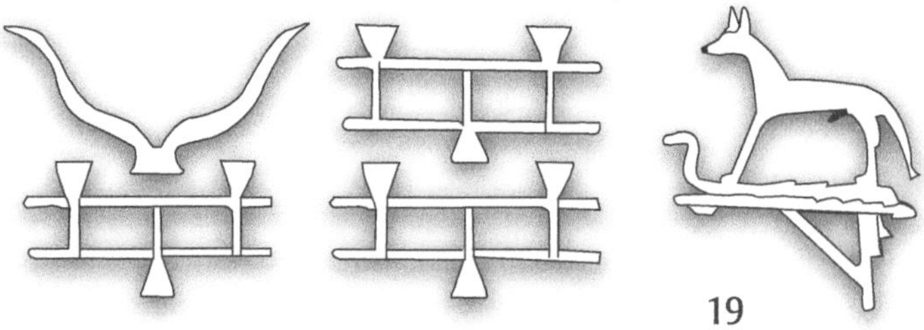

19

20

É conhecido também como Khentamentiu [21], o velho deus cão da necrópole de Abidos dos tempos arcaicos, que depois foi substituído por Osíris.

Segundo Plutarco, Anúbis é associado ao círculo horizontal do Universo, que separa a parte invisível do mundo, associada a Néftis, da visível, associada a Ísis. Esse círculo tem contato com os confins da luz e da escuridão, representados pelos solstícios de verão e de inverno. Representa o eixo Norte-Sul, como Ísis e Néftis representam o Leste-Oeste, une o frio e o quente.

21

Por isso, Anúbis é associado ao ciclo do tempo e à evolução. Dispõe de todo o processo de osirificação ou Iniciação.

Ptah [22], ou também Ptej. Seu nome é difícil de traduzir; parece derivar do verbo "tornear, fabricar, criar". Ptah é o criador das imagens (estátuas, pinturas...). É o forjador divino. Sua representação é antropomórfica e mumiforme, de pé sobre um pedestal de Maat, simbolizando, provavelmente, o domínio sobre a ordem do mundo.

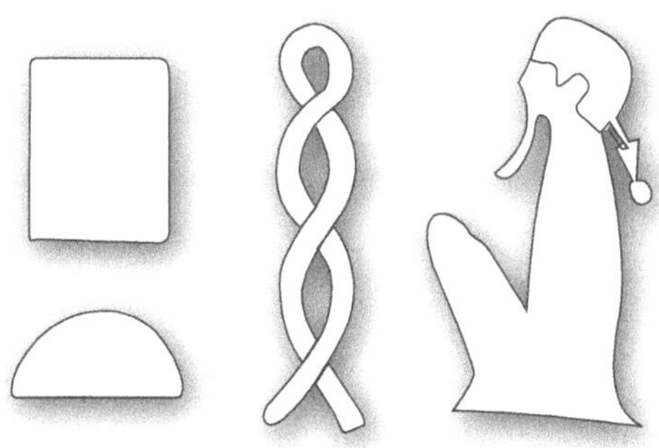

22

Dispensador de vida, nascido de si mesmo e pai de Ápis, touro sagrado concebido por um raio de Sol sobre o barro do Nilo. É a sabedoria do primeiro intelecto. "Pai dos pais e de todos os deuses engendrados, de todos os homens produzidos de sua substância." Cria o Ovo Primordial e ajuda o nascimento do Sol.

Como deus das profundezas, mas terrestre, foi assimilado ao deus Sokar [23], que protegia a necrópole de Mênfis, Sakara. Depois, foi assimilado a Osíris e compôs com eles uma nova fórmula divina da Ressurreição: Ptah-Sokar-Osíris. É o deus da primeira capital religiosa e real do Egito, Mênfis, que une o Delta ao Alto Egito.

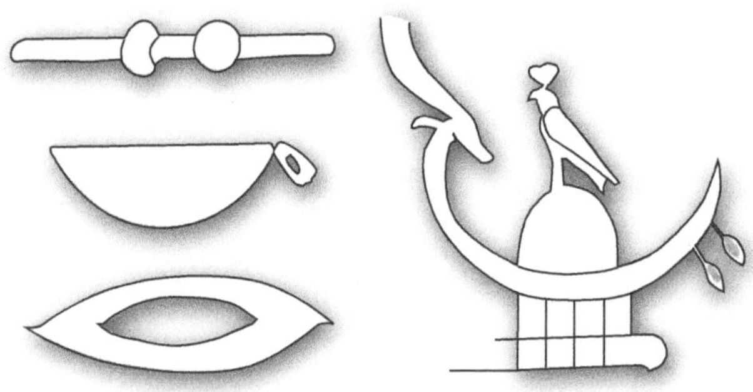

23

Neith [24] ou Nit, nas épocas mais antigas, recebia o nome de "neret", abutre ou deusa. O primeiro termo designa tanto a Coroa Vermelha do Baixo Egito quanto a inundação. Em geral, é representada como uma mulher em pé, com sua coroa e seu arco e flecha. Seu animal sagrado é o gato. Com o tempo foi associada a Ísis. Inicialmente, é uma deusa da caça e da guerra, protetora da Realeza. Abre os caminhos diante dos conflitos e dificuldades na Terra, como faz Upuaut com os caminhos do além. Como Atum, Neith existe antes da Criação e engendra o mundo a partir de sete palavras criadoras. Seu templo em Sais era famoso como escola de medicina, e ela como grande maga.

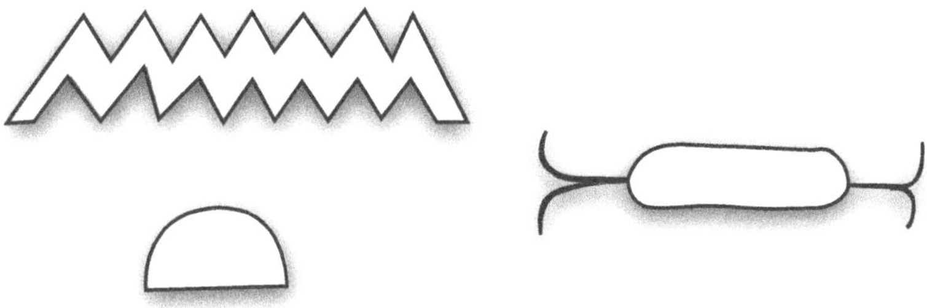

24

É preciso lembrar que os deuses egípcios são símbolos de uma metalinguagem. Para compreender as relações que unem um deus com os fenômenos a ele associados, é preciso aprender a ir além das aparências e isolar o que os egípcios pressentiram como elemento comum a todos os fenômenos associados, que destaca um aspecto do destino humano.

Cada deus egípcio expressa uma qualidade particular que é a chave de sua identidade. No caso de Osíris, como já vimos, é o eterno retorno ao princípio de periodicidade. No caso de Ísis-Hathor, o princípio da contradição e da oposição dos contrários, sob a forma da selvagem sedutora e temível. Com seu duplo aspecto de assassino e agente das provas, Seth encarna e unifica os princípios de desestabilização, de desordem e de Iniciação.

Atum [25], também conhecido por Tem, é o Demiurgo Criador [26], que surge das águas primordiais [27] do Nun, de acordo com a teologia de Heliópolis. É aquele que "é" e "não é" ao mesmo tempo, um e múltiplo ao mesmo tempo. Uno e incognoscível em seu mistério – múltiplo e velado na manifestação. Seus véus ou aparências são as diferentes formas assumidas pelos deuses, que são suas hierofanias.

25

26

27

No ciclo osiríaco, aparecem como Atum [ver páginas em cores, IMAGEM XXXI] ou sob sua forma de manifestação objetiva no mundo, Ra (o disco solar), e como o juiz da "Grande Querela" entre o Bem e o Mal.

28

A dualidade emana de Atum-Ra. Na teologia de Heliópolis, para expressar o processo gradual de objetivação do Universo, cada etapa aparece indicada através de uma dualidade que é uma forma de expressão do próprio Demiurgo Atum que, ao mudar de plano, toma novas formas.

A primeira dualidade que emana de Atum é o princípio do seco e do úmido, Shu [28] e Tefnut, que representa a condição primeira de todas as manifestações, como o *yin* e o *yang* é na China a primeira dualidade, que engendra todas as dualidades.

A segunda dualidade [29] corresponde à manifestação do Céu e da Terra, Nut [30] e Geb [31]. São eles que dão a primeira forma ao Universo e marcam seus limites.

29

30

Nasce finalmente a terceira dualidade, relativa ao movimento da vida, dos ciclos e por fim da magia, Osíris e Ísis. Representam a união do espaço e do tempo, condição indispensável para que a vida objetiva da natureza possa se manifestar. No drama osiríaco, está em jogo a existência do devir da Criação, a capacidade das formas temporais de se renovar e de manter sua existência. É o mundo da geração que está em causa.

31

O MITO DE OSÍRIS

Osíris é o mais conhecido dos deuses egípcios, provavelmente pelo caráter essencialmente humano de sua lenda. Ser de carne, conheceu sobre a Terra a traição e a morte, ressuscitou pela piedade conjugal de sua esposa Ísis, e triunfou sobre a morte trazendo a todos os homens a certeza de uma sobrevivência eterna.

Em Abidos, toma definitivamente o lugar de Khenthamentiu, patrono dos mortos e de suas necrópoles. Transfigurado no deus do além, garante a ressurreição humana; seu culto se difundiu em todo o Egito e suplantou no mundo subterrâneo a religião solar. É uma espécie de Sol noturno e por isso os egípcios falavam de uma alma divina "dupla", da qual Ra e Osíris são manifestações.

Nascido de Geb e de Nut, a Terra e o Céu, Osíris se transforma em Rei do mundo. Coroado, se esforça para liberar os egípcios das privações e das ameaças dos animais selvagens. Leva a eles as leis da Maat, ensina-lhes os mistérios da agricultura e também a comunicação com os deuses.

Osíris é o Rei bom e justo que, do Delta (Baixo Egito, o Norte), reina sobre todo o Egito durante a Idade de Ouro. Entretanto Seth, que governa o Sul do país, mal consegue dissimular sua hostilidade e seu ciúme. Imaginando um plano diabólico para se desfazer do irmão, constrói um esquife esplêndido, do tamanho de Osíris. Convida o irmão para um banquete, a que comparecem também seus setenta e dois cúmplices. Seth propõe que cada um tente deitar dentro do esquife, prometendo presenteá-lo a quem couber perfeitamente nele. Todos tentam fazê-lo sem sucesso, a não ser Osíris, que se instala comodamente no esquife. Nesse momento, os setenta e dois acólitos de Seth pregam rapidamente a tampa do esquife e o jogam no Nilo.

A Luz de seus olhos se apagou e no Céu as estrelas empalideceram. Ísis, que não tinha ido à recepção por causa de um sonho premonitório, acordou bruscamente com pressentimentos sombrios. Néftis, irmã e esposa de Seth, que assistira ao acontecimento funesto, correu para avisar Ísis e ambas se esconderam nos imensos pântanos do Delta do Nilo.

O corpo de Osíris, que flutuava nas águas, se tornou verde e negro e desapareceu... em direção às costas do país de Biblos (Fenícia). O ataúde se incrustou num magnífico cedro que o protegeu. O rei de Biblos, maravilhado com essa árvore mágica, cortou-a para usar como coluna em seu palácio.

Ísis, a viúva inconsolável do Rei defunto, conseguiu reencontrar seu corpo e liberou o ataúde do pilar vegetal que o protegia, depois de uma longa jornada tradicionalmente chamada de "gesta de Ísis". Mas Seth roubou dela o cadáver do irmão e o despedaçou em quatorze pedaços, que espalhou pelo Egito, precipitando-os do alto de uma montanha.

Diante da dor terrível de sua irmã Ísis, Néftis abandonou o seu marido Seth e a ajudou a procurar os fragmentos mutilados do corpo de Osíris. Ísis percorreu todo o Egito e recolheu cada pedaço do deus. Anúbis lhe ensinou os mistérios da mumificação e, com a ajuda dos quatro sobrinhos (os quatro filhos de Hórus), conseguiu recompor o corpo do deus sob a forma de uma múmia [ver páginas em cores, IMAGEM XXXII]. Setenta dias foram consagrados à mumificação do cadáver de Osíris. Anúbis, inspirado por Thoth e Ísis, inventou tudo: os ingredientes, o uso do sal para secar o corpo, os vasos canopeus para receber os órgãos suscetíveis de apodrecimento, as faixas de linho para imobilizar o corpo e, acima de tudo, as fórmulas e encantamentos mágicos sem os quais nada pode vir a ser.

A estrela Sírio, depois de setenta dias sem aparecer, surgiu no Oriente no mesmo instante que o Sol (isso ocorre no verão, no início da inundação). O grande momento mágico tinha chegado. Osíris, perfeitamente reconstituído, parece dormir um sono pesado [ver páginas em cores, IMAGEM XXXIII]. Toda a natureza estava suspensa à espera de um milagre. A estrela subiu ao horizonte e a Luz solar inundou o Céu e a Terra. Ísis e sua irmã tentam devolver a vida a Osíris, sob o impulso do amor e da dor profunda, ajudadas pelas carícias e passes magnéticos ensinados por Anúbis. Em sua múmia, Osíris desperta e recupera a vitalidade – e na natureza nasce a Primavera. Osíris, que tinha horror ao sono e odiava a fadiga, despertou para uma vida nova e não se corrompeu nem se decompôs.

Só um pedaço de seu corpo faltou: o falo, devorado pelo peixe Khat. Ísis recria a parte do corpo que não tinha reencontrado e, transformada em falcão (Ba), recolhe a semente de Osíris. Batendo as asas sobre o corpo mumificado de Osíris, devolve a ele o alento e a virilidade repetindo as palavras mágicas: "(...) Sê perene, sê perene em teu nome de perene. Teus membros te pertencem de novo! Oh, Unnefer! Tua carne te pertence de novo, tu, cujo coração estava morto" (Lalouette, C., *Textes sacrès et textes profanes de l'ancienne Egypte*, Gallimard, Paris, 1987).

Concebeu assim um filho, Hórus [ver páginas em cores, IMAGEM XXXIV], que veio ao mundo em segredo, escondido na espessa vegetação de papiro do pântano.

Osíris, embora de volta à vida, desperto e consciente, não pode retornar à Terra e habita o Duat, do qual é o Rei.

Na Terra, Ísis amamentava Hórus, o infante divino, cheia de inquietações, por temer a vingança de Seth. Como protetora de seu filho Hórus, foi considerada a Grande da Magia, a Mãe por excelência, que devia proteger seu filho.

O próprio Demiurgo Atum testemunhou o nascimento de Hórus. Ísis diz: "Escutai todos, aquele que trago em meu útero é um falcão". Atum declama: "Sai então, vem à luz, eu te saúdo, que os discípulos de teu pai te sir-

vam e te adorem. Criarei teu nome quando apareceres no horizonte, quando estiveres sobre as muralhas daquele cujo nome está oculto [Osíris] (...) Toma lugar nesta Terra que pertence a teu pai". Hórus sai à luz do dia e exclama: "Eu sou Hórus, o grande falcão, sobre as muralhas do palácio daquele cujo nome está oculto. Nem o mais antigo dos pássaros poderia voar tão longe quanto eu durante o meu primeiro voo. Eu sou Hórus, o filho de Ísis".

HÓRUS E SETH: A GRANDE QUERELA

Ainda menino, Hórus viveu uma aventura quando se encontrava sozinho no pântano, enquanto sua mãe percorria o Egito mendigando para obter o alimento necessário a ambos. Uma serpente enviada por Seth o picou, pondo sua vida em perigo. Quando Ísis o encontrou, estava desesperada e teve que lançar um sortilégio sobre o próprio Sol, para que este lhe revelasse seu nome. Assim, poderia curar o filho de acordo com os preceitos da magia, já que nenhuma medicina terrestre curaria a ferida provocada por um deus. Esse episódio consagrou Ísis como deusa maga.

Ao chegar à idade adulta, Hórus se apresentou diante do Conselho dos deuses reunidos em Heliópolis, presidido por Atum, para solicitar que se fizesse justiça contra seu tio Seth. Sentou-se diante do Senhor de todas as coisas e reclamou a herança de seu pai. Thoth pegou o Grande Olho Udjat e o depositou aos pés do Senhor. Shu, filho de Ra, o ar luminoso, declarou: "A justiça deve prevalecer sobre a força bruta". Com isso, pronunciou sua sentença: "Que sejam dadas a Hórus todas as funções e prerrogativas de seu pai". Então, Shu declarou: "Que o Olho seja remetido a Hórus, porque tal é a vontade dos deuses".

Mas o Senhor de todas as coisas foi tomado de uma violenta cólera porque os deuses não o tinham consultado. Gritou: "Detenham-se! Querem agir sozinhos?" Então Seth tomou a palavra: "Façam com que Hórus saia comigo, para que eu possa provar que sou o mais forte, já que ninguém aqui é capaz de reduzi-lo ao silêncio".

Diante da cólera de Atum, vários oráculos foram consultados. Atum duvidava da capacidade de Hórus para governar, já que era muito jovem. Além disso, Seth era o deus mais forte da Enéada Divina, o protetor de Ra contra seus inimigos, e seus argumentos pareciam verdadeiros.

Hórus se defendeu contra as humilhações impostas por certos deuses. Ísis, encolerizada, ameaçou transmitir a Atum as palavras que desonravam Hórus. Atum convocou então todos os deuses para se reunirem na Ilha do Meio e decidir, mas proibiu Ísis de participar da reunião. Ísis, com sua magia, transformou-se numa velha dama encurvada, conseguindo assim passar desapercebida e chegar à Ilha. Lá, transformou-se numa magnífica jovem, cuja beleza e encanto ultrapassavam tudo o que se conhecia, e fez com que Seth se enamorasse dela. No meio do banquete, sem chamar a atenção, Seth se dirigiu ao gramado onde repousava a bela jovem e lhe disse: "Ó tu, a mais bela de todas, vem, quisera fazer amor contigo aqui mesmo". Ela respondeu: "Desgraçadamente, nobre senhor, estou muito desolada. Casei-me com um pastor e lhe dei um filho, mas meu marido morreu. Meu jovem filho é obrigado a vigiar o rebanho do pai, mas chegou um estrangeiro e, escondendo-se no estábulo, disse a ele: 'Tomarei o rebanho de teu pai e te golpearei até que te vás daqui'. Será que Seth socorreria meu filho?" E Seth declarou: "Mas claro, certamente, não se pode deixar que um estrangeiro se aproprie do rebanho, quando seu proprietário e herdeiro natural é seu filho".

Então, Ísis tomou a forma de um falcão e pousou no cimo de uma árvore, de onde gritou: "Maldito sejas, Seth, foste tu mesmo que disseste, és o teu próprio juiz e com tua própria boca pronunciaste a sentença". Ao ouvir isso, Seth se levantou e se pôs a chorar de raiva. Regressou vermelho de cólera à mesa de Ra, que lhe perguntou: "Mas o que se passa contigo?" E Seth respondeu: "Essa fêmea infame abusou de mim. Transformou-se numa jovem de grande beleza para induzir-me ao erro". Contou a Ra sua desventura, com riqueza de detalhes. Ra exclamou: "Então julgaste a ti mesmo, Seth!" Seth gritou: "Não lhe concedam o que ela pretende obter! Ponhamnos à prova: construiremos duas barcas de pedra e faremos uma corrida. Aquele que vencer receberá o título de Rei!"

E assim foi feito. Mas Hórus, que era mais astuto, construiu sua barca com madeira de cedro recoberta de argila para simular a pedra. Na noite anterior à competição, sem que ninguém o visse, levou-a para a água. Ao amanhecer, Seth viu a embarcação de Hórus flutuando no rio e acreditou que era de pedra. Subiu à montanha e esculpiu na rocha uma barca imensa de 138 *codos*. Na presença de todos os deuses da Enseada, cada concorrente se instalou em sua embarcação. A barca de Seth afundou imediatamente e ele, transformando-se em hipopótamo, lançou-se num ataque feroz à barca de Hórus. Mas não contava com a perícia do jovem Hórus, que se armou de um tridente. Quando Hórus estava a ponto de transpassar o corpo de Seth, os deuses impediram seu gesto, gritando: "Não! Não o firas!" Hórus recolheu seus pertences e saiu em seu barco. Navegou para o Norte, para se encontrar com a deusa Neit, a mais antiga de todas as deusas, e lhe disse: "Por favor, que se tome por fim uma decisão nessa Querela que me opõe a Seth e que está pendente há vinte e quatro anos. Ninguém ousa pronunciar um veredicto definitivo. Proclamou-se que Seth foi injusto comigo, todos os direitos me foram atribuídos, mas ele continua ignorando as decisões dos deuses".

Em outro dos combates épicos entre Seth e Hórus, Seth arrancou um olho (poder gerador pelo pensamento) de Hórus que, por sua vez, destruiu os testículos (poder gerador na matéria) de Seth. O Olho de Hórus, Udjat, foi restituído por Thoth.

Depois de Neit e Thoth terem interferido e dado conselhos várias vezes durante os oitenta anos de combates, Osíris se manifestou em pessoa nesse Julgamento interminável, com uma carta para Ra: "Porque maltratam meu filho? Não fui eu que lhes dei a força? Aquele que criou a cevada e o trigo para alimentar os deuses e o gado. Antes disso, ninguém tinha realizado uma obra equivalente". Do Campo Branco, sentado entre os deuses, Ra lhe respondeu por escrito: "Mesmo que não tivesses nascido, a cevada e o trigo teriam existido!"

Osíris lhe escreveu outra carta: "A justiça divina foi ofendida no mundo subterrâneo. Que a desgraça se abata sobre Ti, criador da Enéada! O mundo em que vivo está cheio de espíritos ferozes, que não têm medo de deuses e nem de deusas. Se eu os libertar, me trarão os corações daqueles que fazem o mal. Estão prontos a obedecer meu sinal. Não há diferença entre eu, que estou no ocidente, e vós que habitais o mundo superior. Quem entre vós pensa ser mais forte do que eu? Acreditais que a mentira e a astúcia são os meios de ação que merecem louvores. Mas eu estou aqui, onde Ptah, o criador do Céu (na teologia de Mênfis), ordena às estrelas que repousem a cada noite, dizendo: 'Olhai para o ocidente, lá onde vive o Rei Osíris'. E Ptah me assegurou que, depois dos deuses, todos os seres pertencentes ao gênero humano virão repousar em meu Reino".

Embora a declaração de Osíris não tenha tido um papel decisivo, anunciou a conclusão da Grande Querela. Os deuses ordenaram a Hórus que trouxesse Seth à corte, "como se fosse um delinquente", e Atum perguntou a Seth: "Por que não colaborais para que este litígio se resolva de uma vez por todas, em vez de ficar tentando usurpar a herança que, por direito, cabe a Hórus?" Finalmente, Seth mudou de opinião, desta vez diante de Atum, e proclamou: "Sim, Senhor. Terminemos com essa Querela! Ordene a Hórus que ocupe as funções de seu pai Osíris" [ver páginas em cores, IMAGEM XXXV]. Hórus então recebeu a Coroa Branca das mãos de Atum e foi instalado no trono de Osíris. Recebeu a proclamação dos deuses: "És o majestoso soberano de toda a Terra, pela eternidade!"

Ptah perguntou aos deuses: "O que faremos de Seth?" Ra então declarou diante de todos os deuses: "Seth é filho de Nut (o Céu), viverá comigo como um filho, e defenderá a minha barca. Do Céu, sua voz, como a do trovão, provocará sempre o temor entre os homens, que o temerão".

Capítulo 5

O simbolismo iniciático do mito de Osíris

O MODELO DA FAMÍLIA: A TRÍADE DIVINA

Osíris, Ísis e Hórus representam a imagem da família perfeita [ver páginas em cores, IMAGEM XXXVI] e, com o tempo, passaram a simbolizar a tríade divina mais popular, já que sua lenda é muito humana na aparência. Enquanto a tríade era venerada nas festas populares, à sombra dos templos, em pequenos recintos, eram realizadas cerimônias dedicadas aos mistérios do renascimento da alma e da vitória cíclica da vida sobre a morte.

Ísis iniciadora

Ísis é a iniciadora, a grande Mãe universal que possui a magia da Iniciação. Seus ensinamentos ressaltam que não se deve agir com precipitação, que a Grande Obra é um ato de paciência através de um ritmo solene e calmo, como são os ciclos imutáveis da natureza que a deusa simboliza.

Na obra alquímica, ela é associada à realização da matéria da Grande Obra, como veremos mais adiante, sob a forma da deusa Chentayt, "a viúva".

Ísis é a força que não se resigna nunca e que, com seu amor, libera energia para vencer a fatalidade. É mãe na Terra e no além. Concebe no visível e no invisível. As formas invisíveis estão relacionadas a Osíris, e as visíveis a Hórus.

É vista sempre atrás de Osíris, protegendo-o. Segundo os egípcios, o fluido vital de cada Ser percorre a coluna vertebral, o que faz das costas a parte do corpo mais exposta aos perigos. Com suas asas, Ísis ativa muitas vezes a vitalidade do deus. Sua sabedoria permite conhecer os segredos das fórmulas de proteção. Tem a energia do rejuvenescimento porque leva as coisas à sua origem, ou seja, ao renascimento. É o trono em que se apoia todo poder.

De acordo com o que já vimos no mito, o método da deusa comporta três fases:

1. Reunir o corpo de Osíris desmembrado por Seth. O corpo de Osíris representa o Todo que as forças contraditórias da experiência dispersam e que cada um de nós tem que reestruturar em si próprio. Os meios que Ísis propõe são de ordem mágica, ritual e cognitiva, através de mitos e símbolos.
2. Analisar e pôr em ordem todos os elementos encontrados. Classificar tudo o que contêm a câmara secreta e a matriz do sarcófago. Nesse instante, Ísis toma a forma de Maat e concede a inteligência que permite reconstruir uma ordem vital.
3. A Revelação dos ensinamentos de Thoth para conseguir um laço simpático com os Mistérios do Céu.

Na realidade, Ísis e Osíris, atuando em conjunto, ela no papel ativo e ele no papel passivo, como guardião das potências e dos segredos, ensinam a ciência secreta de Thoth:

- Adquirir os conhecimentos sagrados
- Discernir e analisar os conhecimentos
- Conseguir a integração da alma individual com o Todo.

Osíris iniciador

Osíris é o Ser bom. Não é apenas o deus dos mortos mas, antes de mais nada, "o guia dos vivos", aqueles que reproduzem sua paixão vivendo-a na própria carne, coração e espírito.

Osíris assinalou o caminho do devir, simbolizado pelo escaravelho Keprer: sofrer, morrer, ressuscitar, transformar-se em um Ser divino. Como Gautama Buda muito bem explicou, o sofrimento chama, com sua dor, a consciência em busca de suas causas.

A morte simboliza a mudança de estado de consciência, o desapego, a aceitação do combate pela existência. Osíris é o primeiro Ser que aceita a prova da morte. É o primeiro morto e, portanto, o primeiro iniciado. Não pode haver mudança ou transmutação sem passagem pela morte, que é uma volta ao estado inicial, para recolher na origem as novas forças, que serão desenvolvidas no futuro renascimento.

Para os egípcios, a verdadeira morte implica deixar de estar em movimento. Osíris representa o movimento interior que cada Ser deve desenvolver para entrar em contato com sua própria profundidade, com seu próprio Nun ou fonte de virtualidades. Se o indivíduo consegue essa imersão em si mesmo, descobre as forças secretas de sua alma e pode convocá-las com seus nomes para que surjam no exterior, como os grãos germinados depois da semeadura.

Embora esteja imóvel e vegetante na aparência, Osíris está em pleno movimento interno [ver páginas em cores, IMAGEM XXXVII]. Graças a esse movimento invisível, convoca as forças do Cosmos, que vêm em sua ajuda, e outras que, conscientes de sua possibilidade de vitória sobre a inércia, se desdobram para destruí-la. Para lhe tirar o movimento, Seth o despedaça. Mas, a consubstanciação de seus despojos com a sua terra, Kem, lhe permite manter a coesão e preservar seu fio de vida.

A múmia de Osíris é um "corpo de substituição", uma crisálida que permitirá que sua alma se liberte das ataduras terrestres e alcance a dimensão espiritual. Por um lado, tem que refazer o novo corpo e, por outro, libertar-se dele para se transmutar em um corpo de glória, um Ser de Luz. Esses são os Mistérios da matriz de transfiguração que Anúbis transmitiu a Ísis.

A Ressurreição e o renascimento são uma oportunidade de transfiguração na matriz do mundo invisível, tanto na vida como na morte. Toda transmutação tem como causa uma realidade interior e se realiza na dimensão invisível, já que não existem mudanças verdadeiras que provenham do exterior.

A Iniciação osiríaca é uma aprendizagem da lei dos ciclos, do eterno retorno à origem e da necessidade de vencer as forças do caos a cada noite. Na realidade, Osíris nunca morre: foi apenas dominado, ou seja, imobilizado. Por isso, aparece vegetante e imóvel, mas ativo.

Uma de suas cores é o negro, "Osíris é um deus negro" [ver páginas em cores, IMAGEM XXXVIII]. Na língua egípcia, "enegrecer" significa "engrandecer-se, elevar-se, magnificar-se", ou seja, celebrar ritos iniciáticos. Na escuridão do negro ocorre a incubação, a germinação da alma que a leva à Luz. No Egito, o negro não é uma cor de lástima ou tristeza, mas a promessa da regeneração, como também o é o limo negro do Nilo, que se deposita durante a inundação sobre as terras avermelhadas, secas e estéreis do verão. O Osíris negro possui o aspecto interior de Ra, quando morre no corpo de Nut ao Ocidente.

É absoluto seu poder sobre a supervivência e a regeneração dos homens depois da morte. A existência, tanto terrestre como eterna, depende dele. Garante a vida do país através da decomposição do próprio corpo, que se transforma na cheia fecunda. Assim, os vivos se nutrem de seus humores.

Osíris é um Ser que precisa ser protegido. É o Bem que só existe realmente e só adquire todo seu sentido através da luta cotidiana contra o Mal, simbolizado por Seth.

Seth iniciador

Embora de maneira muito simplificada, Seth encarna as forças do Mal e seu papel negativo aumenta durante a Época Baixa. Nos Textos das Pirâmides, Seth é a personificação do Céu Norte, das tempestades do Mediterrâneo, o terrível poder do raio.

Canalizar a força de Seth [ver páginas em cores, IMAGEM XXXIX] implica a capacidade de cumprir perfeitamente os princípios da Maat, ou seja, estar totalmente equilibrado e em ressonância com todas as forças do Universo, para não se desestabilizar. Por isso, são raros os faraós que o invocam como deus tutelar. Curiosamente, é o grande Faraó que reconstrói o Templo de Abidos, o lugar místico da Iniciação de Osíris, que o adota em sua patronímia: Seti I [ver páginas em cores, IMAGEM XL], o pai de Ramsés II, que dá um novo rumo ao Egito depois da heresia de Akhenaton.

Seth é o rebelde, o desestabilizador. É o que provoca as forças do Bem simbolizadas por Osíris. Ameaça permanentemente destruí-las, pondo-as à prova para que mantenham uma constante vontade de reconstituição e regeneração. É uma espécie de "solvente universal", como define a alquimia. O que não se destrói com sua ação é imortal. Essas são as provas que Osíris supera.

De manhã, nos templos, fazia-se magicamente o sacrifício de um animal sethiano, um órix – ou, em épocas mais tardias, um asno. Esses sacrifícios eram profiláticos e permitiam vencer as forças negativas.

Há uma alegoria cósmica em que se diz que a constelação da Ursa Maior materializa a pata anterior do touro que simbolizava Seth. Ísis, sob a forma de um hipopótamo que representava a constelação do Dragão, tinha que conter a Grande Ursa no Céu Norte, impedindo-a de avançar para o sul, onde se encontrava Osíris-Órion.

Apesar de seu caráter negativo, Seth nunca é vencido. Com sua ação, propicia o movimento da vida e põe à prova sua vitalidade.

Na famosa Querela com Hórus, como nos combates alquímicos medievais, cada um deles é ferido, intercambiando assim suas forças. A capacidade geradora é transferida a Hórus, que terá a descendência do reino. A visão do falcão agora acompanha Seth, como o guerreiro que vigia na noite.

É importante compreender que na religião egípcia nenhum deus é todo-poderoso. Todos têm que se conformar à lei e à ordem justa, encarnadas por Maat. Cada qual é um aspecto da realidade e de forma alguma um Ser arbitrário. Seth, como o *yin* e o *yang*, faz parte da ordem do mundo.

Hórus, o candidato e o iniciado

Segundo a tradição, Hórus nasce no mês de Mechir, por volta do dia 25 de dezembro. Representa o Sol invicto, o vencedor das trevas durante o solstício de inverno. Na estação de Peret (a colheita) celebrava-se a primavera de Hórus, sua juventude e sua vitória no mês de Farmenthi (fevereiro/março).

O símbolo de Hórus tem relação com todas as forças nascentes, e a Iniciação é o nascimento de um novo estado. Por isso, é o protótipo do iniciado, do Ser que vai nascer. Todo candidato à Iniciação é um pequeno Hórus e todo iniciado é um Hórus vitorioso.

A gestação do infante divino Hórus no pântano sagrado (ver na página 91, na imagem sob o braço o detalhe de Ísis dando o seio a Hórus) lembra uma das primeiras provas da preparação para a Iniciação: os ritos de marginalização e solidão. Ele se integra à sociedade quando já é um jovem adulto, tendo antes enfrentado sozinho, graças aos cuidados e ensinamentos da

Mãe, o Mundo Primordial e seus perigos, representados por animais venenosos do pântano, como escorpiões, lacraias e serpentes, que representam as forças do caos tentando afastar o candidato de sua trilha. O pântano do delta é um lugar perigoso que permite a gestação de um Ser em devir, pondo à prova sua capacidade de sobrevivência.

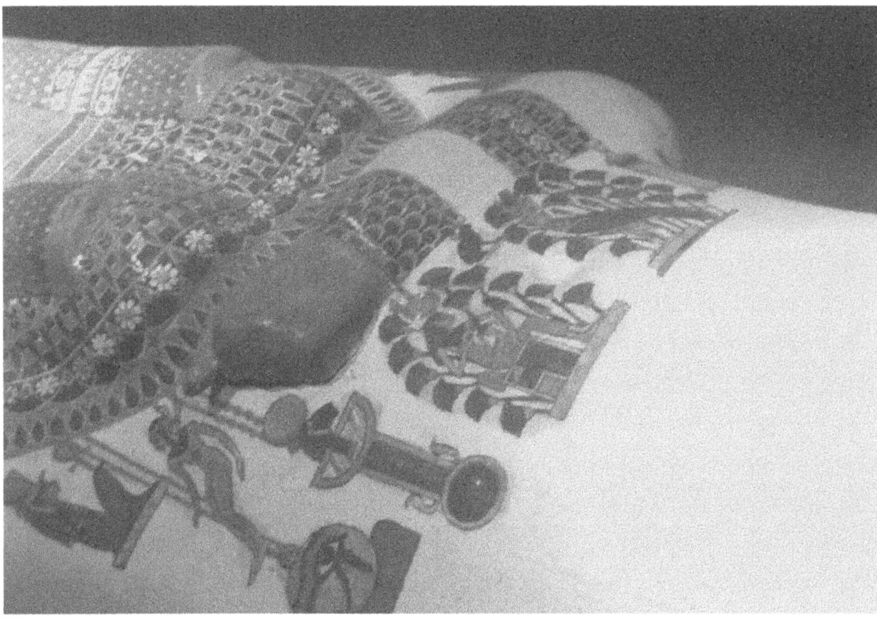

Hórus é o Senhor das transformações. O *Livro dos mortos* fala de doze transformações até chegar o estado de "falcão de ouro" [ver páginas em cores, IMAGEM XLI]. Hórus como vencedor se transforma num falcão de ouro e encarna a pedra filosofal, o final da Grande Obra. É a síntese do processo de transmutação iniciado por seus antepassados.

O combate de Hórus com Seth simboliza a animação da matéria através do fogo do espírito. Hórus encarna o princípio da Realeza, o pensamento em ação. Ensina como passar da ideia à ação, do invisível ao visível. De algum modo, cada Ser vivo é um Hórus na Terra [ver páginas em cores, IMAGEM XLII] e um Osíris no Céu.

Sem a ação desestabilizadora de Seth e unificadora de Ísis, esse duplo processo da vivificação da alma na Terra e no Céu seria impossível. A alma se expressa de modo consciente, com todo seu poder, quando consegue unir os contrários e respeitar a máxima que mais tarde ornará o Templo de Delfos: "Nada em excesso".

A força horusiana é a força da Luz visível e invisível, que permite atuar conhecendo os segredos da existência.

A origem da alma: o Reino de Osíris

As fases do mito fornecem o cenário das etapas e provas pelas quais a alma deve passar no além, como também o candidato à Iniciação neste mundo.

Um dos mistérios fundamentais encerrados no mito de Osíris é o da alma. Para os egípcios, a alma é anterior à criação objetiva e ao começo do ciclo da geração. Aparece no mundo da geração como filha do Céu (Nut), através de Ra (o Sol) e de seus raios. O Texto das Pirâmides diz: "O Céu Nut a concebeu, Duat deu-lhe a luz".

Isso quer dizer que o nascimento objetivo da alma ocorre no Duat, no além, no Reino de Osíris. No Duat reside a Luz das trevas, a primeira Luz. Essa primeira Luz, que contém a força de todos os nascimentos e manifestações possíveis, se associa a Osíris. É a Luz do invisível associada à cor azul. No Duat, portanto, residem as almas que estão esperando para encarnar no mundo terrestre e que, depois da morte, voltarão a seu seio. Essa alma "se une" aos viventes (encarna) na Terra durante o "dia", para voltar "morta" ao Duat a cada noite, como explica o *Livro dos mortos.*

O nascimento da alma no Duat representa o renascimento da alma como "alma osiríaca", ou seja, a alma que precisa encarnar, morrer e renascer para aprender a agir segundo a lei, a justiça e a verdade: a Maat. Ela precisa da confrontação com a dualidade da vida e da morte para desenvolver seu potencial, a consciência que mora em seu coração. Através das provas que enfrenta e vence, ela se engrandece e se desenvolve até se tornar uma alma divina. Essa alma, por meio de suas sucessivas transformações, sob a forma osiríaca, poderá renascer como alma de Ra, como alma-luz, e chegar à plena consciência, livre da dualidade. "Ó, filho meu (a alma) – diz Ra – que sejas iluminado e brilhante" (P.T. 21-20, 21-23).

Na realidade, para os egípcios, a alma é uma unidade dupla, uma espécie de gêmeo. Segundo o *Livro dos mortos,* "a alma em suas duas metades é a alma do Sol e a alma de Osíris". Ao se unirem, essas duas partes formam um novo corpo luminoso, a alma divinizada e fundida com a luz solar, Aj.

Isso lhe permite tomar contato consciente com a sua raiz original, Sahu, gérmen incorruptível do Ser, da matéria e do espírito ao mesmo tempo, envoltório do espírito em que se deposita o espírito divino para reinar sobre o ser humano. É a raiz do Ser divino no homem. Este gérmen se transforma em flor ou em trigo, que o defunto respira ou colhe no além – e que indica, pela altura ou pela beleza, o desenvolvimento obtido pela alma durante a vida terrestre.

A alma osiríaca é a alma-substância que fornece as formas das metamorfoses. Por isso, a múmia osiríaca é associada a uma crisálida e ao sarcófago, como uma espécie de atanor alquímico ou matriz de mutações.

A alma de Ra é a alma espiritual, a fonte da verdadeira vida. De sua união-fusão [ver páginas em cores, IMAGEM XLIII] nasce o princípio do eterno vivente, Hórus, sob a forma do falcão de ouro. Ra é a manifestação de Osíris no mundo dos vivos e Osíris a de Ra no reino dos mortos. Através de sua ação conjugada, a vida pode surgir da morte, passando do estado de potencialidade ao de realidade manifesta.

O *Livro dos mortos,* no Capítulo 175, explica que, no final do grande ciclo da manifestação da criação, até mesmo os deuses morrem, com exceção de Osíris-Ra que, embora deixem de ter uma existência pessoal e voluntária, voltarão ao Caos Primordial de onde emergirão no começo de um novo ciclo de Criação. Osíris e Ra representam a dualidade, através da qual se expressa a Divindade Primordial.

Osíris é a força de assimilação e de transformação. Ra é a força de estimulação, de emanação da vida e do Mistério da Luz, que permite a elevação e a regeneração de todas as coisas. A Luz, segundo os egípcios, não é apenas um agente de criação, mas de maturação. Segundo eles, quando as coisas surgiam das águas primordiais, iam amadurecendo à medida que se aproximavam da Luz, ou seja, desenvolvendo-se progressivamente. Ra é a força ativa do Universo.

Com relação ao homem, a ideia dos egípcios é que somos constituídos de substância e de espírito. Mas para eles não havia oposição entre substância e espírito, ou inteligência: tinha apenas se dissociado para expressar a Criação. O aspecto substância, portador de inteligência, é Osíris; o aspecto do espírito que emana a substância-Luz é Ra. Quando os dois princípios se unem, o homem consegue reunir os dois aspectos que compõem sua identidade e só então pode ser eterno. Na Iniciação, Ra é como a Luz que leva o aspecto osiríaco de cada um a se transmutar, a se elevar para adquirir um novo plano de espiritualidade-consciência, um novo poder sobre si mesmo.

Por isso, em cada mudança de plano, o "corpo" que leva a alma se modifica. Para a consciência terrestre é um corpo físico mas, quando passa ao Ka, a consciência obtém um veículo mais sutil que lhe permite ir além da experiência física. Quando o Ka se integra ao Ba, a identidade de cada Ser, ocorre a metamorfose no corpo de luz, que é o veículo natural da alma, o Aj.

Durante a viagem pelo além, a finalidade da alma do defunto é conseguir sua transformação em Osíris, ou seja, em um Ser renovado. O momento em que a alma de Osíris – depois de ter vencido suas provas e o Julgamento do coração – consegue sair à luz do dia e assim contemplar de frente a face de Ra, os dois se tornam um só. No nível do indivíduo, isso representa sua divinização completa e, no nível do Universo, o fim de sua manifestação. O final dos tempos é o momento do Juízo final, onde tudo volta à origem. No além, esse Juízo outorga o modelo ao Julgamento do coração e, nos templos, ao Juízo do candidato à Iniciação.

OS SETE NÍVEIS DE REALIDADE DA COSMOGONIA DE HELIÓPOLIS

	O plano	Forma do deus	Nome do deus
Planos subjetivos	I O incriado, o Noun	Pensamento	Atum
	II Saída para a Criação ou Ideação	Serpente Primordial	Atum-Ra (como Alma divina universal)
	III Ideias – Arquétipos	Colina primordial (ou Pedra Ben Ben)	O Pai-Mãe (Shu-Tefnut)
Planos objetivos	IV A Manifestação ou saída para a existência da Luz e da Vida	Pássaro Fênix, que chama a Luz e a Vida	Nut e Geb (O Céu e a Terra)
	V Manifestação invisível	Kepher, o Sol jovem, matriz de todas as transformações (o Falcão Cósmico)	Osíris-Seth-Ísis-Néftis
	VI Manifestação visível	Sol Ra (ou a Luz do Zênite)	Hórus Menino (o que vinga seu pai)
	VII A Terra e os Homens	Humanidade	Faraó (Rei-sacerdote)

O simbolismo do Julgamento egípcio é o da verificação de que o Ser se purificou, aprendeu e atuou em função de obter um equilíbrio, uma harmonia que o faça respeitar as leis do Universo. Passar pelo Juízo, na Terra ou no além, era equivalente a obter a própria justificação para poder mudar de condição, ou seja, para poder se transfigurar num Ser superior.

O candidato à Iniciação é sempre representado como um Hórus menino, que se transforma no jovem falcão de ouro através dela.

Segundo os egípcios, a verdadeira Querela não é contra alguém ou algo exterior, mas o poder de vencer a si mesmo, à própria violência e desequilíbrio, simbolizados pela figura do deus Seth. Para isso, era preciso aprender a agir com inteligência, e esse aprendizado da sabedoria com magia era o papel de Ísis.

Se Osíris representa as forças evolutivas do espírito, Seth encarna as forças involutivas da matéria. O fogo sethiano é iniciático, consome tudo aquilo que deve desaparecer para deixar o essencial. De alguma forma, Seth dá a Luz a Osíris, assim como Lúcifer faz Osíris passar pela prova de fogo para que extraia o melhor de si mesmo e revele sua verdadeira natureza, a imortalidade. Matando simbolicamente seu irmão, permite que seu espírito se liberte da matéria e volte à fonte primitiva para se regenerar. Seth é o obstáculo que Osíris deve ultrapassar para conseguir reviver na manhã. Sua traição é ritual, como mais tarde ocorre com a traição de Judas.

Através da magia simpática, cada defunto pode se tornar um Osíris e se integrar para sempre na imutável lei dos ciclos. O Capítulo 180 do *Livro dos mortos* expressa essa mensagem de esperança: "Ó Ra, que repousas em Osíris em todas as gloriosas aparições. O Bem-aventurado, o deus do Ocidente. Símbolo único e misterioso do Duat, alma santa no Ocidente, Un-Nefer que existirá para sempre".

As chaves do mito de Osíris

O mito de Osíris encerra várias chaves da sabedoria egípcia e estabelece as bases de vários conceitos, fundamentalmente da religião e da política:

1. A origem da alma.
2. A Ressurreição depois da morte.
3. O papel mágico da mumificação nos ritos funerários.
4. O papel eminente do princípio feminino (Ísis e a Ressurreição). O sangue real se transmite através das mulheres.
5. O Poder Real é herdado pelo filho do Rei (Hórus, filho de Osíris).
6. A desordem, Seth, é considerada um mal necessário para se obter a ordem (a Realeza de Hórus e, depois, dos faraós).
7. Os mistérios da renovação da natureza através do ciclo anual, ditado pelas cheias do Nilo.
8. A transmutação alquímica da matéria.
9. A influência das estrelas nos ciclos da renovação terrestre.
10. O corpo de Osíris resume a Geografia Sagrada do Egito.

IMAGEM I

IMAGEM II

IMAGEM III

IMAGEM IV

IMAGEM V

IMAGEM VI

IMAGEM VII

IMAGEM VIII

IMAGEM IX

IMAGEM X

IMAGEM XI

IMAGEM XII

IMAGEM XIII

IMAGEM XIV

IMAGEM XV

IMAGEM XVI

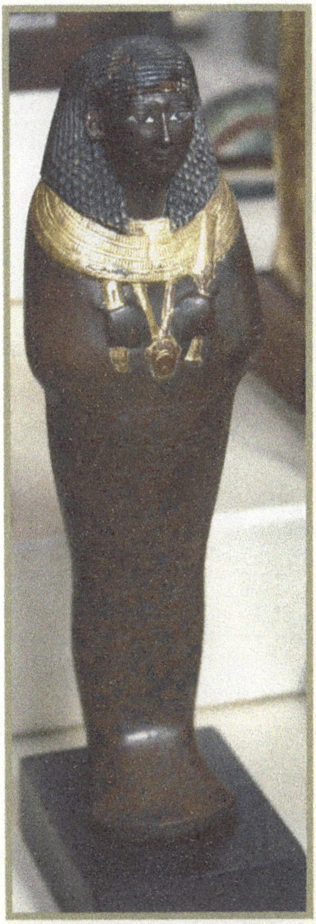

IMAGEM XVII

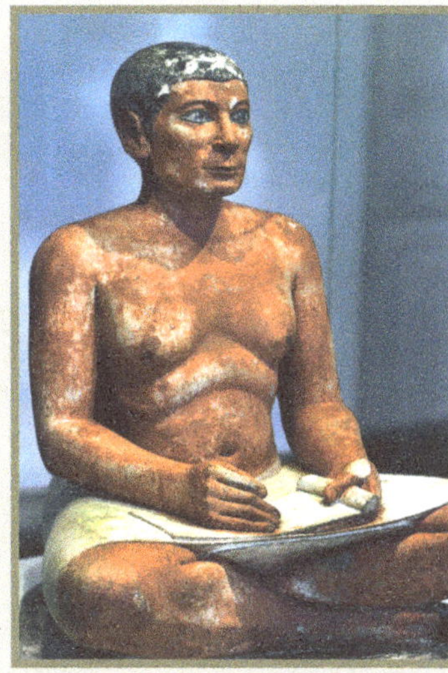

IMAGEM XIX

IMAGEM XX

IMAGEM XVIII

IMAGEM XXI

IMAGEM XXII

IMAGEM XXIII

IMAGEM XXIV

IMAGEM XXV

IMAGEM XXVI

IMAGEM XXVII

IMAGEM XXIX

IMAGEM XXVIII

IMAGEM XXX

IMAGEM XXXI

IMAGEM XXXII

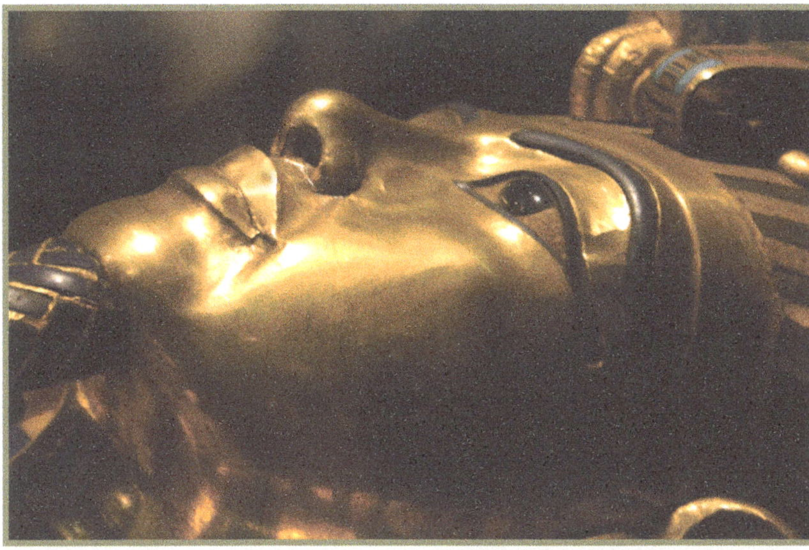

IMAGEM XXXIII

IMAGEM XXXIV

IMAGEM XXXV

IMAGEM XXXVI

IMAGEM XXXVII

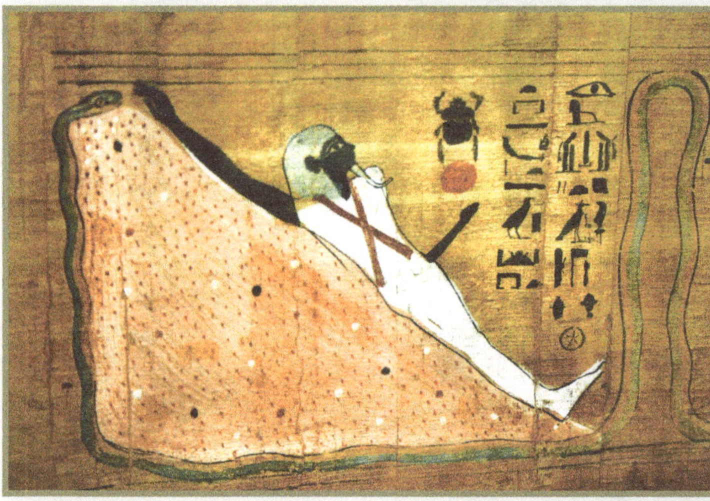

IMAGEM XXXVIII

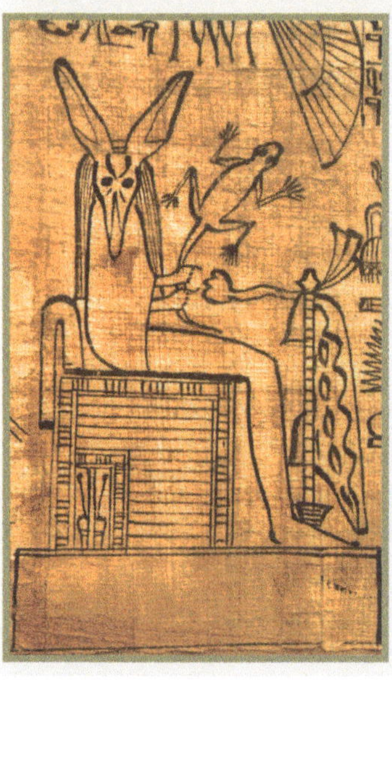

IMAGEM XXXIX

IMAGEM XL

IMAGEM XLI

IMAGEM XLII

IMAGEM XLIII

IMAGEM XLIV

IMAGEM XLV

IMAGEM XLVI

IMAGEM XLVII

IMAGEM XLVIII

IMAGEM XLIX

IMAGEM L

IMAGEM LI

IMAGEM LII

IMAGEM LV

IMAGEM LIV

IMAGEM LIII

IMAGEM LVI

IMAGEM LVII

IMAGEM LVIII

IMAGEM LIX

IMAGEM LXI

IMAGEM LX

IMAGEM LXII

IMAGEM LXIV

IMAGEM LXIII A

IMAGEM LXIII B

IMAGEM LXIII C

IMAGEM LXV

IMAGEM LXVII

IMAGEM LXVI

IMAGEM LXVIII

Capítulo 6

Os mistérios de Osíris: deus da Ressurreição

Os episódios da paixão e Ressurreição de Osíris e os mistérios de sua sucessão, com o coroamento de Hórus como seu herdeiro e fundador da monarquia faraônica, eram festejados ao longo de todo o ano egípcio. Instavam a presença do deus a cada uma das três estações do ano, para que trouxesse vitalidade e força.

Organizavam o que hoje chamamos de "festivais": eram celebrações que duravam muitos dias, até semanas. Reuniam grandes congregações populares que participavam de peregrinações e ritos pagãos, ao lado de representações dos momentos mais significativos do mito osiríaco, nos lagos sagrados dos templos.

No mês de Athyr (setembro/outubro), durante a bela estação de Akhet, a inundação, começavam as representações do drama de Osíris, com seu assassinato e desmembramento. Nessa ocasião, os sacerdotes modelavam uma estátua do deus com terra misturada a incenso e fecundada com a água da cheia do Nilo. Essa estátua era conservada durante os quatro dias da festa. O faraó evocava a morte de Osíris e cortava uma haste de trigo, enquanto um touro branco, consagrado a Min, a forma fecundante do deus Amon de Tebas, era levado em procissão antes de ser imolado.

No mês seguinte, no final da estação da cheia, festejava-se a Ressurreição de Osíris no festival de Kohiak, que tem o nome do mês. Nos quatorze locais em que Ísis tinha encontrado os pedaços do corpo de seu esposo eram construídas estátuas de Osíris. Os sacerdotes as levavam ao templo de Sokaris-Osíris, onde eram celebrados os "mistérios que nunca deviam ser revelados". Depois, as estátuas eram enterradas na necrópole, no mesmo dia em que começavam os trabalhos da lavoura, no início da nova estação de Peret, a da semeadura.

O primeiro rito, por ocasião da festa em Abidos, era a saída do deus em sua barca, guiado pelo cão Oupouaout, que massacrava seus adversários. O fiel servidor defendia a barca do deus e lutava contra os inimigos de Osíris. Era uma recordação das façanhas realizadas pelo deus quando governava o país na Idade de Ouro.

O segundo rito – e o principal (o 25 de Kohiak) – incluía o duelo pela morte de Osíris. Uma grande procissão levava a imagem do rei até sua tumba, no bosque de Peker, onde se erguia sua árvore emblemática, a acácia sagrada, enquanto hinos recordavam o assassinato de Osíris.

Um milagre acontecia quando a estátua do deus era piedosamente enterrada. Sobre o túmulo funerário, onde árvores tinham sido plantadas seguindo a orientação dos pontos cardeais, proclamava-se: "Da mesma maneira que a árvore se torna verde, assim a terra se torna verde e Osíris rejuvenesce". Não há morte, como atestam Osíris e a natureza em sua totalidade.

A terceira cerimônia comemorava o triunfo do deus, o dia do grande combate em que os inimigos de Osíris são vencidos antes de serem abatidos sobre as águas de Nedit, lugar de sua morte. Osíris, ressuscitado, vinha na grande barca que transportava "sua beleza irradiante". Jubiloso, o povo via o esplendor da barca que chegava a Abidos para conduzir Osíris de volta a seu palácio. O enterro do deus defunto, seu regresso a Duat, era celebrado junto com essa cerimônia com o objetivo de lembrar que seu sucessor Hórus retomava o poder temporal. O advento de Hórus fazia parte da estação de Peret, no mês de Tybi (novembro/dezembro). Correspondia às festas de coroação real e do Jubileu. Erigia-se o pilar Djed, de Osíris, para que pudesse assistir à celebração e recordar sua Ressurreição. Explica-se a fusão dessas duas grandes festas pela continuidade do Ka real divino.

O NASCIMENTO TERRESTRE DE OSÍRIS

Foi em Tebas (Uaset), cidade de templos majestosos como o de Luxor (ver foto), que Osíris nasceu sob a forma humana, do ventre de Nut. Há toda uma geografia "natal" do mito osiríaco. Nos últimos cinco dias do ano, o primeiro a nascer do ventre do Céu é Osíris, em Tebas. Depois Haroreris em Kous. No terceiro dia, Seth em Ombos, Ísis em Dendera no quarto dia e, encerrando o ciclo anual, Néftis em Dióspolis.

Os últimos cinco dias do ano são denominados dias epagômenos, que se agregam aos 360 dias do percurso solar para completar o ciclo anual. É uma concepção muito antiga, que já figurava nos textos das Pirâmides [ver páginas em cores, IMAGEM XLIV] e que, segundo o egiptólogo Morenz, já existia quando foi instituído o Calendário em Heliópolis, em 4241 antes de Cristo! Na tradição egípcia, esses cinco dias são considerados muito perigosos porque terminam o ciclo que, nesse momento, está vitalmente fraco. É o momento de todas as renovações da fecundidade da Terra, do Poder Real entre os homens e do retorno da estrela Sírio à luz do dia, que depois de setenta dias de ocultação anuncia a cheia do Nilo.

O drama osiríaco e o consequente nascimento de seus principais atores divinos ressaltam a magia necessária para o êxito da renovação dos ciclos terrestres, humanos e cósmicos.

Nos templos, a gestação do deus Osíris é representada dentro de um molde no formato de um cubo mágico coberto com uma tampa em forma de túmulo. Esse molde é a imagem e o substituto da matriz divina, em que é gerada a Grande Obra (ver foto). Quatro deusas, que simbolizam os pontos cardeais, levam a forma em que foi depositado o molde com a efígie de Osíris [ver páginas em cores, IMAGEM XLV]. Cada ângulo é protegido por um abutre e uma cobra Ureus, símbolos do Alto e do Baixo Egito, que ficam frente a frente. Sobre o túmulo-tampa da Ressurreição há um falcão e, dentro, acompanhando a imagem em gestação de Osíris, protegendo sua cabeça e seus pés, dois abutres que representam a deusa Nekhebet, associada à Mãe do mundo. A rã Heket, senhora dos renascimentos, observa a face impávida de Osíris.

De maneira mágica e simbólica, o "processo" se dá no ventre de Nut, como reflete o hino da capela santa de Dendera:

"Ó Osíris, tua mãe Nut está prenhe de ti,
ela guarda teu embrião no interior de seu ventre,
modela harmoniosamente teus ossos,
e dá juventude a teu corpo.
Dá vida à tua pele para teus membros,
dilata tuas veias e artérias para teu sangue.

(...)

Ela te retira do molde (útero)
e te põe novamente sobre a Terra,

como te pôs no mundo em Tebas.
Ela te dá a juventude do corpo,
voltas a ser jovem,
ela te dá juventude durante o ano inteiro".

Em uma das capelas sagradas nos terraços do templo de Dendera, Nut ocupa todo o teto e ilumina um personagem que dobra as pernas sobre a cabeça, estendendo os braços. É Osíris em posição fetal.

Diz Plutarco na obra *Ísis e Osíris:* "Os sacerdotes vertiam um pouco de água doce no cofre de ouro (...). Um grande grito se ergue da assistência: 'Osíris voltou a viver'".

O RENASCIMENTO VEGETAL: OS MISTÉRIOS DE KOHIAK

Para o povo, Osíris estava no grão como seu poder de crescimento. Era ele que "fazia o grão a partir do líquido que há nele para alimentar os nobres e os camponeses" (inscrição do templo de Dendera). Em Filae, há um relevo que mostra uma deusa com cabeça de vaca (Ísis-Hathor-Sírio) vertendo água de um vaso sobre a terra negra (fecundada pelo limo e irrigada pela cheia), da qual surge o grão. Por cima do grão, saindo dele, está a forma da alma de Osíris. O relevo ilustra a crença de que, graças às águas vertidas sobre a terra, não só as sementes começam a crescer, mas o brotar da vegetação é também a "elevação de Osíris". O sentido implícito é que o plantio da semente era o enterro ou sepultamento de Osíris, anterior à sua "Ressurreição" nas plantas vivas. Entre suas múltiplas facetas, Osíris era o poder imanente às sementes plantadas.

"Osíris era o poder por meio do qual o potencial de vida da semente se manifestava exteriormente na forma física visível da planta. Osíris governava os processos de manifestação pelos quais aquilo que existia espiritualmente adquiria materialização física, exterior. Quando não ocorria o influxo de forças vitais no mundo físico, Osíris estava 'perdido ou morto'. Mas quando esses processos se punham em movimento, isso se devia à atividade ou reativação de Osíris no outro mundo" (Naydler, J., *op. cit.*).

Osíris encarna o príncipe da riqueza e da vegetação, traduzindo o ciclo da natureza que deve morrer para renascer. Em termos agrários, Osíris é "vegetante", ligado aos antigos mistérios da natureza. Como ela, o homem

deve morrer na ignorância para nascer no conhecimento. Juntamente com as festas de Osíris "vegetante", que guardava o grão para fazê-lo germinar na estação de Kohiak, celebrava-se nos templos a Iniciação daquele que podia renascer fazendo florescer Ounoi, o Ser vivente.

Os detalhes desses mistérios são bem conhecidos graças a um texto gravado como um imenso papiro em um dos pátios osiríacos que dão acesso às criptas ou salas dos Mistérios em Dendera. Esse códice era dividido em sete livros e cada um deles começava com as mesmas palavras: "Conhecer o mistério de...". O último volume permitia "conhecer o mistério do que não se vê, daquilo de que não se escuta falar e que o pai transmite a seu filho".

Em Dendera, eram feitas duas figuras medindo um *codo real* egípcio (52,5 cm): uma de Osíris, feita de cevada misturada com terra, e outra de Sokar, feita de substâncias odoríficas e de pedras preciosas pulverizadas, também misturadas com terra.

OS RITOS DE OSÍRIS NOS SEPULCROS

Certos ritos mágicos concebidos para garantir a fecundidade do ano agrário, inspirados diretamente no ritual dos mitos de Osíris, eram celebrados no próprio interior dos sepulcros. Um deles era chamado de "encanta-

mento para se converter em trigo". Confeccionavam um manequim com aparência de múmia e o enchiam com grãos de trigo. Na penumbra do corredor sagrado que conduz à câmara funerária, a múmia simulada era generosamente regada até que os grãos germinassem e os brotos de trigo aparecessem. Quando a operação chegava a esse ponto, o sacerdote-mago declamava o "Hino da germinação":

"Sou a planta da vida,
a que surge do corpo de Osíris;
a vida que nasce entre as costelas de Osíris,
de Osíris que faz com que os seres humanos vivam,
o mesmo Osíris que faz com que todos os deuses sejam divinos;
aquele que dá o espírito aos espíritos;
aquele que traz a riqueza aos que possuem os campos;
aquele que dá os enxadões para os espíritos.
Osíris que reanima os viventes,
Osíris que dá vida a seus membros.

Como o grão, sou a vida dos viventes;
surjo das costelas de Geb
e estou animado no céu, sobre a terra, nas águas e nos campos.
Agora, Ísis é bem-aventurada graças a Hórus, seu divino filho;
está repleta de alegria por ele, seu deus.
Sou a vida que surge do seio de Osíris".

Osíris, Ísis, Néftis, Seth, filhos do Céu e da Terra, pertencem à categoria dos deuses que formam uma ponte entre a natureza e o homem, e cujo papel é determinado no momento da passagem, especialmente no nascimento e na morte, por ocasião das cerimônias de entronização e de Iniciação. É por isso que o faraó, o Rei-sacerdote, enquanto ponte entre os homens e os deuses, se identifica com Osíris-Hórus. Sobre a Terra, o rei é um Hórus; uma vez morto, se transforma em Osíris. Hórus, o divino infante, é o protótipo do deus-homem através do qual se opera o drama da Ressurreição.

Para o egípcio, a Terra é depositária das energias fecundantes. É o deus masculino Geb que retém as potências seminais, fecunda a Terra e se apropria do papel essencial escondido por trás da ideia da reprodução: o da continuidade do Ser que, na teologia funerária, aparece como o mistério da Ressurreição ou do renascimento.

Osíris é um deus de manifestação da vida que emana da Terra. Deus do grão, deus do Nilo, tudo o que parece provir da Terra pode ser considerado uma manifestação de Osíris. Embora pareça paradoxal, essa noção também se aplica aos corpos celestes. As estrelas se erguem no horizonte, motivo pelo qual Osíris é chamado de "aquele do horizonte do qual surgiu Ra". Entretanto, o representante celeste de Osíris é Órion.

"É-lo aqui, sob as feições de Órion; é-lo aqui, Osíris se apresentou como Órion" (P.T. 819 C). Sothis, vizinho de Órion, a estrela do Cão, e Ísis se sucedem no périplo noturno, indicando a rota a seguir para alcançar os Céus. Osíris, chefe dos ocidentais, se converte no mestre do circuito de estrelas, a rota circular que vai de Leste a Oeste através do Céu; e de Oeste a Leste no mundo inferior.

OS MISTÉRIOS DE OSÍRIS NOS TEMPLOS

A essas evocações dramáticas que se representavam em meio a um grande ajuntamento do povo, correspondiam outras cerimônias secretas, as dos Mistérios que se realizavam em certas salas isoladas dos templos.

É nesses lugares protegidos dos olhares e de difícil acesso que estão as criptas ou capelas do Mistério. A decoração inclui geralmente uma estátua de Osíris envolta em uma malha funerária, um leito sobre o qual repousa a múmia divina, assim como diferentes acessórios: coroas, cetros, vasos de água benta, incenso e outros. Os sacerdotes oficiantes encarnavam os papéis dos membros da família osiríaca (Thoth, Anúbis, Ísis, Hórus...); ao lado deles, os sacerdotes rituais recitavam as fórmulas.

A sala dos Mistérios é o lugar de passagem privilegiado, onde se reúnem o visível e o invisível: o sudário de Osíris garante a passagem da morte para a vida e vice-versa. Os textos enfatizam a existência de uma guarda sagrada no templo, dividida em duas frações de doze horas cada uma, as horas do dia e as horas da noite. Era encarregada de afugentar os inimigos do sudário funerário, isto é, do lugar da Ressurreição. Com efeito, a perda do lugar de Ressurreição teria impedido a reunião do invisível e do visível no templo.

Os lugares dos Mistérios ficam habitualmente no terraço dos templos, ao abrigo dos olhares profanos e próximos ao Céu. Praticamente todos os templos tinham capelas onde eram celebrados os mistérios de Osíris. Um dos que chegaram mais completos aos dias de hoje fica no templo de Dendera [ver páginas em cores, IMAGEM XLVI] e é dedicado à deusa do amor, associada a Ísis, Hathor. Os ritos heliopolitanos previam a adoração do astro lunar associado a Osíris sobre o teto do edifício sagrado: assim, o deus era irradiado pela sua própria Luz astral.

Em Dendera, a cada lado do teto, ficavam três capelas [ver páginas em cores, IMAGEM XLVII]: a primeira é um pátio a céu aberto, a capela do meio tem janelas e a última é escura porque nela reside o Mistério do deus. O nome mais comum desse conjunto é "o santuário onde está enterrado Osíris".

As capelas osiríacas são organizadas seguindo o plano da arquitetura de um templo, composto de três partes: o pátio, a sala hipostila e o santuário propriamente dito, onde fica a capela e a estátua do deus.

O itinerário ritual partia do pátio Leste, na Lua Nova. A sala média do Leste servia para a reconstrução do corpo divino de Osíris e para a preparação de seu nascimento. A capela secreta do Leste era a da gestação e nascimento de Osíris. Nela se encerra o mistério divino do molde-útero de Nut. Durante a festa de Kohiak, os sacerdotes velavam em segredo as estátuas e esperavam a germinação da cevada que proclamava o renascimento de Osíris. O itinerário continuava através da capela Oeste, que era espiritualmente unida à oriental. O hino do nascimento de Osíris da capela Leste está gravado em baixo-relevo, como eram em geral as inscrições nos muros externos de um edifício, já que essa capela formava na realidade o exterior da tumba de Osíris, que ficava do outro lado do espelho da existência, na capela Oeste. Nesta última capela fica a sala de mumificação. A passagem do Leste ao Oeste, vida-morte, traduz simbolicamente o momento do assassinato de Osíris. A capela também servia de tumba provisória para o deus. Nela se encontravam as diferentes fases da Ressurreição de Osíris, que renascia sob múltiplas formas, conforme a cidade que lhe rendia culto. Essa repetição da imagem renascente de Osíris em diferentes formas não é, como se acreditava, um "lembrete", mas uma repetição mágica para dispor do renascimento em qualquer uma de suas formas.

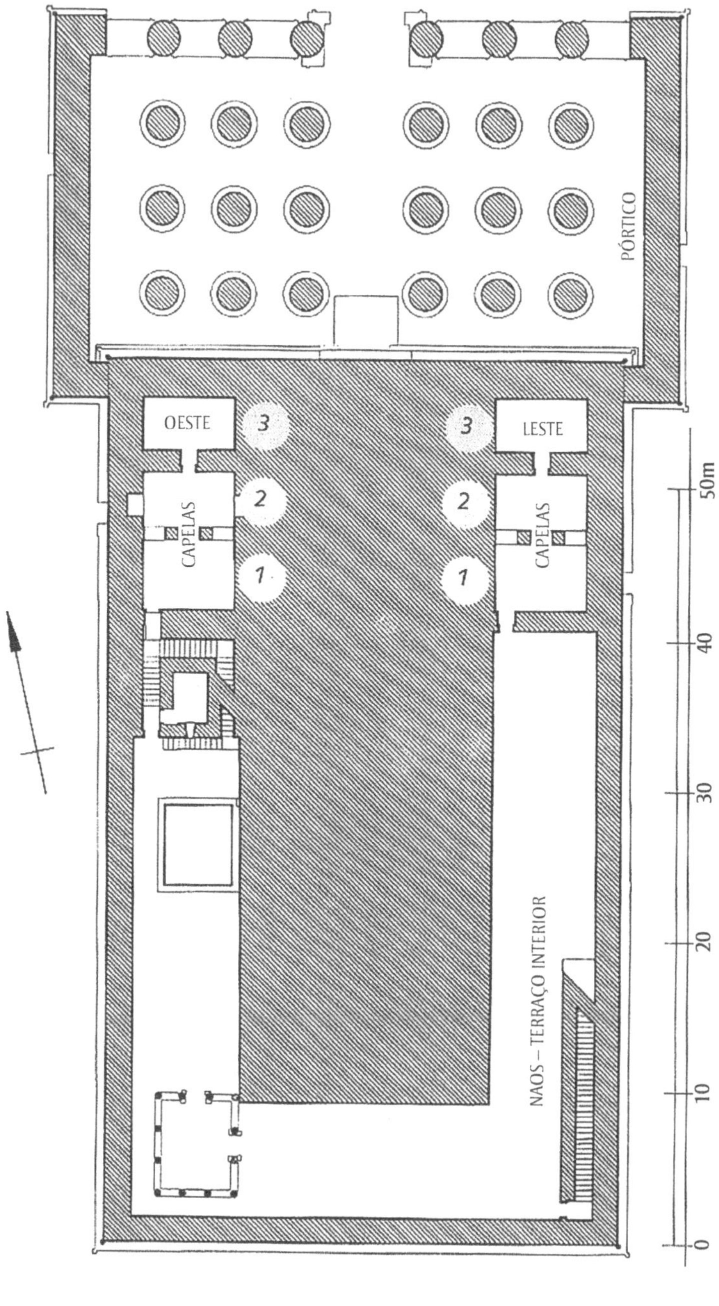

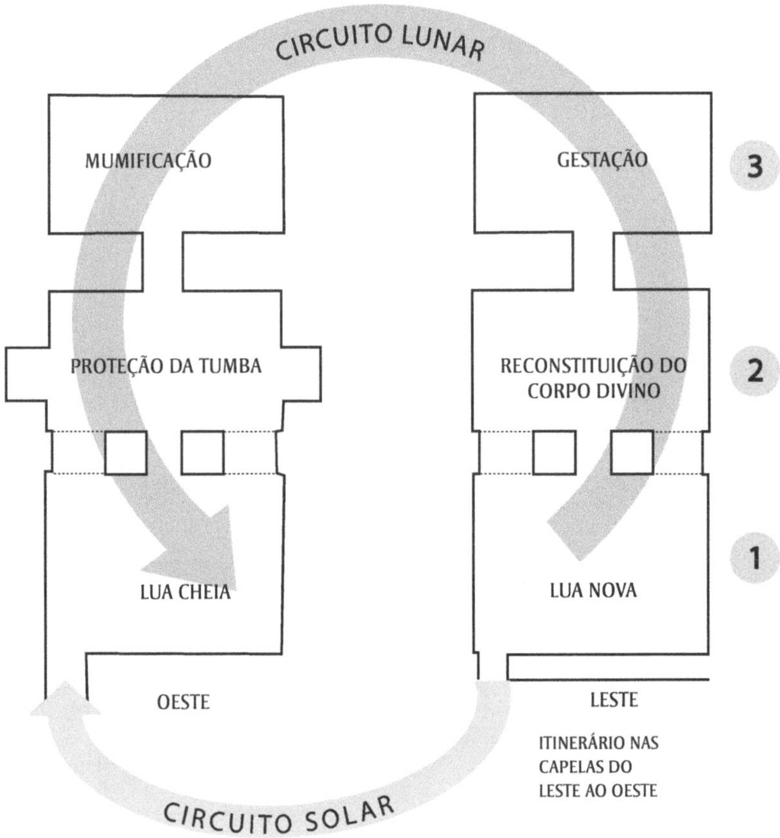

A capela média ocidental servia como proteção mágica para a tumba de Osíris. Era lá que se preparava sua estátua para ser enterrada num cemitério sagrado. Com seus fluidos, essa estátua protegia o templo durante um ano.

No final, o pátio ocidental servia para o festejo do apogeu do mistério, na manhã divina do 26 de Kohiak (ver foto). A barca que levava o velho rei partia da capela Leste e passava pelo Sul, como faz o Sol, e o soberano era ressuscitado ao Oeste, sob a forma da Lua Cheia, rei da noite e dos mortos. Antes disso, o Poder Real tinha sido transmitido ao herdeiro, Hórus. Esses ritos também serviam para a Iniciação e para as cerimônias da renovação do Poder Real.

Em Dendera, o rito se realizava em duas semanas, correspondentes ao período mais ativo da energia lunar: entre a Lua Nova, que representava o maior acúmulo de energia no mundo invisível, e a Lua Cheia, que represen-

tava o maior acúmulo de energia no mundo visível. No rito heliopolitano, os egípcios a associavam também em seu simbolismo ao solstício de inverno e ao solstício de verão. Durante esses quatorze dias, uma guarda sagrada de sacerdotes e candidatos aos Mistérios realizava as cerimônias secretas.

Durante sua estadia anual na tumba provisória, o deus se mantinha "desperto" no sarcófago: falava, comia e recebia oferendas rituais durante os dez dias. Ao mesmo tempo, libertava-se do envoltório terrestre para voltar à abóbada celeste. Dizia-se que alçava voo em direção ao horizonte como a Fênix [ver páginas em cores, IMAGEM XLVIII] e a Lua (ver foto). O simulacro mumificado era mantido oculto na capela misteriosa, enquanto o aspecto cósmico visível se unia ao firmamento.

Uma guarda de sacerdotes realizava as oferendas ao Santo Sepulcro em um ritual que seguia o ritmo das doze horas da noite e mantinha magicamente na Terra o deus em sua plenitude.

A "guarda" consistia na celebração dos ritos da Ressurreição, de acordo com o mito de Osíris. O drama compreendia oitenta cenas, começava na primeira hora da noite (perto das seis da tarde) e terminava na última hora. Havia uma progressão no rito, da primeira à última hora, que passava por algumas etapas e terminava com a Ressurreição do deus. "No entanto, essa progressão não é muito perceptível porque cada hora corresponde dramati-

camente a um pequeno drama completo, em que o deus passa sucessivamente da morte à Ressurreição" (Moret, A., *Les mystères ègyptiens,* Gerard Monfort, Brionne, 1983).

De acordo com o antigo sistema mágico, cada parte do ciclo continha o conjunto de seus elementos, com o objetivo de assegurar o resultado final. Podemos resumi-lo da seguinte maneira:

1. lamentações diante do morto;
2. penetração do deus no lugar puro onde Osíris jaz morto;
3. abluções e fumigações;
4. rito da "abertura da boca" ou reanimação do defunto que voltou à vida, e outras operações milagrosas.

Os ritos começavam com as abluções e as fumigações. Primeiro, o morto era purificado e regenerado por meio da água primordial (primeira hora da noite). Osíris renascia do Nun Primordial e nascia no Céu. Na continuação, nascia da água do Nilo terrestre, "aquela que suscita todas as coisas que dá ao Egito". Dessa maneira, nascia na Terra (duodécima hora da noite). A quarta ablução era efetuada com água fresca da ilha Elefantina, onde nascia o Nilo: era a própria vida eterna (quarta hora da noite). Vinham em seguida os milagres da Ressurreição.

Primeiro, o mistério da reconstituição do corpo de Osíris, despedaçado por Seth, por obra de Ísis e Néftis com a ajuda de Anúbis, ou reanimação material (elemento terra), graças aos passes magnéticos que chamam a alma. Era a primeira hora do dia.

Depois, o mistério do corpo reanimado, com a água benta e o azeite, a unção sobre a boca e os órgãos dos sentidos, o despertar dos órgãos, o retorno da vitalidade (elemento água). Eram a segunda e a terceira horas do dia.

Seguia-se o mistério do renascimento vegetal ou da força fecundante (associado à sexualidade, à afetividade e ao elemento fogo) [ver páginas em cores, IMAGEM XLIX]. Era a quarta hora do dia.

Por fim, o mistério do renascimento animal: eram a quinta e a sexta horas do dia. Era o renascimento por meio do sacrifício, da caça aos humores, da libertação dos inimigos [ver páginas em cores, IMAGEM L]. Era a vitória sobre a animalidade sethiana, sobre o caos, por meio da vontade e da inteligência (elemento ar): o Deus que preside Anúbis. Na sexta hora, Osíris era reconhecido por Nut e nascia como o Sol, ao meio-dia, no zênite. O Rei em

pessoa aparecia na undécima hora para assegurar a passagem ao outro mundo como filho de Osíris. Na duodécima hora terminava o ofício: as lâmpadas eram acesas para afugentar os espíritos das trevas e o ciclo tornava a começar. Na imagem anterior podemos ver representada a alma-Ba de Osíris.

ALQUIMIA E RECONSTRUÇÃO DO CORPO DE OSÍRIS

Um dos nomes do Egito foi Kem ou Kemit, a "terra vermelha enegrecida". Simbolizava a vitória da vida, representada pela terra negra de limo trazida por Osíris durante a inundação, sobre a esterilidade e a morte proclamadas por Seth na última estação do ano, ou da seca, quando a terra se tornava vermelha, estéril e cheia de rachaduras. Esse nome, Kem, deu a raiz da palavra árabe *Al-kem*, que chegou ao Ocidente sob o nome de "Alquimia", recordando a origem dessa ciência das transmutações.

É provável que uma parte dos ritos da confecção das estátuas sagradas de Osíris tenha fornecido os primeiros protocolos alquímicos que o Ocidente conhecerá na Idade Média e na Renascença.

Com o tempo, os ritos das estátuas se simplificaram em um pequeno códice, que se podia consultar no ano 50 a.C. Nele aparece a personagem Chentayt (cuja tradução possível é "a viúva"), que substitui Ísis no papel da grande sacerdotisa. Está ajoelhada diante de uma balança e pesa os ingredientes que tira de duas cestas. Os hieróglifos indicam que ela faz a cevada crescer através de um trabalho secreto e que, do crepúsculo à alvorada, transmuta a cevada conferindo-lhe um poder mágico. Vários deuses a ajudam nessa Obra: Hapy, a cheia do Nilo, se encarrega da água (ver a imagem do faraó adorando Hapy em seu trono, assistido pelo pássaro Fênix); os modeladores dos deuses e dos homens – Knum, o oleiro de Elefantina, e Ptah de Mênfis, padroeiro dos mumificadores e artesãos no "templo do ouro" – a auxiliam. Todos os deuses das capitais do Egito, ou seja, de todo o Kem, emolduram a cena e trazem um vaso que contém um pedaço de composto divino que vai se aglomerar com os outros para formar uma matéria alquímica: a transmutação pode começar.

O processo criador muda sutilmente para uma dimensão mais mística. A figura vegetal, arcaica e popular da múmia se oculta por trás da reconstituição do corpo divino, simbolicamente operada pelas relíquias fornecidas por todo o país. A ação se dá no "templo do ouro" – uma oficina onde se

produzia as estátuas divinas e cujo modelo se encontra na cidade de Mênfis. Ao mesmo tempo, a Obra se realiza no santuário de Chentayt, a "viúva que preside a Grande Obra".

Tudo acontece durante a noite e é evocada a transmutação da cevada em ouro. Em egípcio, as duas palavras são quase homônimas, nos aspectos fonético e gráfico: os três grãos que caracterizam o cereal e os três discos que revelam a natureza metálica da matéria.

Chentayt diz a Osíris: "Os fragmentos de teu corpo são a representação secreta das relíquias dos deuses dos nomos (províncias), sob sua forma própria. Trago-te as capitais de teus nomos: é teu corpo, tu és Ka, contigo, Osíris. Trago-te teu corpo, teus membros, tua alma, teus nomes, teus lugares: tua imagem divina está completa".

De alguma forma, a cevada é a pedra filosofal que permite a passagem ao estado divino: o embrião de cevada funciona como substituto para que Osíris se manifeste.

Knum, o oleiro, descreve seu papel: "Eu vigio a cevada e acrescento água sem cessar, trituro a matéria misturada à cevada: o que vem à existência é uma estatueta de cevada; teus membros são firmes, tua mãe Nut te põe no mundo".

A gestação é vegetal e humana, simbólica e divina. O composto místico é a matéria que, misturada à cevada, vai se transmutar alquimicamente, não apenas em um simples simulacro material, mas no corpo do próprio deus. Essa matéria também é chamada de "embrião", um nome derivado de um verbo que tem dois sentidos: "estar grávida" para uma mulher e "estar germinado" para a cevada.

A palavra essencial é "transmutar": o processo que transforma um corpo feito de pó em um espírito glorioso.

Como já vimos, o corpo de Osíris simboliza todo o Egito e o transforma na terra das mutações. Cada deus egípcio é uma força de Osíris, com a habilidade de um de seus membros. Assim, a cabeça dita as ordens, os ouvidos escutam as orações, o intestino trabalha e nutre as carnes.

O deus que reúne tudo é Ptah, o Grande artesão, o Senhor da Inteligência cósmica, aquele que conhece as formas das representações secretas. Magicamente, a reunião das relíquias carnais do deus condiciona a integridade do país e a perpetuação de seu mundo divino, uma vez que as relíquias, como vimos, são deuses dos nomos.

Capítulo 7

Abidos: a porta do invisível

Abidos é a necrópole da cidade pré-dinástica de Tinis ou Tanis, que ainda não foi descoberta e de onde surgiram os reis. Encontra-se no oitavo Nomo, Ta Ur, "a Grande Terra", "a Terra primordial" ou a "Terra Luminosa". Abidos era chamada de Abdu, ou Abju. Atualmente, em árabe, é denominada "Araba el-Madfounah" (Araba, a enterrada), lembrando a memória da primeira tumba.

Abidos é o "Santo Sepulcro" do Egito e sua capital mística. Segundo a lenda de Osíris, foi aí que seu irmão Seth o assassinou mas, por outro lado, foi também aí que sua esposa Ísis encontrou sua cabeça, que foi velada como sua relíquia mais sagrada [ver páginas em cores, IMAGEM LI]. É o lugar místico da Ressurreição, a porta invisível que conduz ao além e, ao mesmo tempo, mantém reunidos os dois horizontes da existência.

Todos os anos, celebrava-se em Abidos o retorno do deus à vida. Através de oferendas, relembrava-se seu assassinato e a luta entre os seguidores de Hórus e os de Seth. É provável que essas tenham sido as primeiras representações teatrais do mundo.

Cada rei, da Pré-História à Época Baixa, se identificava com o Grande Adormecido que renascia pelo milagre do amor e da vontade, construindo sua tumba, como os primeiros reis, ou um cenotáfio. O cenotáfio é um túmulo virtual, onde não há cadáver, mas que se conecta com o túmulo verdadeiro e, com sua força, ajuda magicamente o defunto a se libertar de sua prisão terrestre. Na foto, vemos uma estela do rei Den feita em diorito, com seu nome de Hórus (dinastia Tinita).

A partir do Império Médio, Abidos se transforma no principal centro religioso popular do Egito. Os mistérios de Osíris atraem os peregrinos. Com o tempo, criou-se o costume de cada mortal realizar em vida, de maneira física ou alegórica, uma peregrinação a Abidos, para obter do deus o favor da Ressurreição. Muitos peregrinos assistiam às cerimônias no templo para participar da Ressurreição do deus. Outros mandavam construir pequenos cenotáfios de ladrilhos, onde punham estelas alegóricas da viagem da alma e de seu encontro com Osíris em Abidos. Abaixo, o hieróglifo de "tumba", com a forma do túmulo sagrado da Ressurreição de Osíris e as quatro árvores plantadas em cima, representando os pontos cardeais.

Abidos fica a 170 quilômetros ao norte da cidade de Tebas, no Médio Egito. É o lugar onde foram enterrados os primeiros reis do Egito unificado (3100 a.C.). Mas contém vestígios muito mais antigos, do período pré-dinástico.

No ano 1900, foram encontradas, no cemitério pré-dinástico de El-Amra, centenas de túmulos de todas as fases das épocas pré-dinásticas egípcias. Na região, foram achados vários cemitérios, como o de El-Mahasna, onde se descobriu material para fabricar cerveja. Na imagem, vemos uma representação da comida funerária, provavelmente da Dinastia II.

Em 1977, foi encontrada uma minúscula placa de marfim que trazia o nome de Narmer, o rei que unificou o Alto e o Baixo Egito. Assim começou a primeira dinastia histórica. É possível que o rei Escorpião (4000 a.C.), que tentou fazer a primeira unificação do Egito, tenha sido enterrado ali. Foi encontrado também o túmulo do rei Aha, da Dinastia 0, que precede a Dinastia I de Narmer.

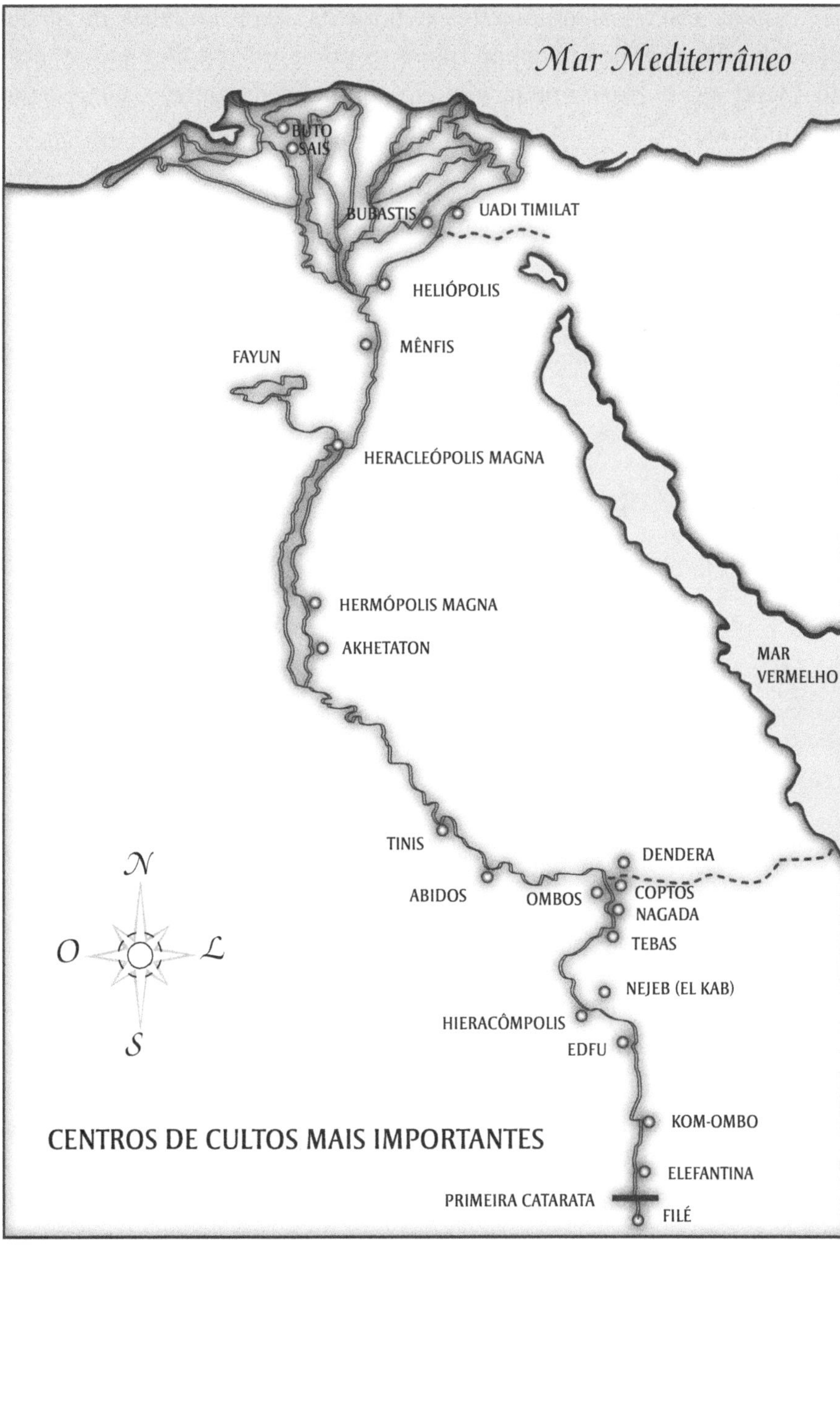

Mar Mediterrâneo
BUTO
SAIS
BUBASTIS
UADI TIMILAT
HELIÓPOLIS
MÊNFIS
FAYUN
HERACLEÓPOLIS MAGNA
HERMÓPOLIS MAGNA
AKHETATON
MAR VERMELHO
TINIS
DENDERA
ABIDOS
OMBOS
COPTOS
NAGADA
TEBAS
NEJEB (EL KAB)
HIERACÔMPOLIS
EDFU
KOM-OMBO
ELEFANTINA
PRIMEIRA CATARATA
FILÉ
N
O
L
S
CENTROS DE CULTOS MAIS IMPORTANTES

Recentemente, foram descobertas placas de argila com a escrita mais antiga do mundo, pelo menos um século anterior à Mesopotâmia. Foram descobertas também tumbas de barcas sagradas da Dinastia I, que confirmam o papel simbólico da barca como veículo da Luz e da alma, desde sua época mais arcaica.

A última tumba real conhecida em Abidos foi construída por Khasekhemwi, o último rei da Dinastia XXII. Mas a prática dos mistérios e oráculos continuou ativa na cidade, pelo menos até a dinastia XXX. Hoje, a maior parte da cidade se encontra sob as águas subterrâneas do Nilo.

Um dos templos mais antigos (Dinastia I) que se conhece é o de Khentamentiu, o deus cão funerário, "aquele que está na cabeça dos ocidentais". A partir do Império Médio, sua figura se funde com a de Osíris.

Sesóstris III (Dinastia XII) foi o primeiro a construir um templo cenotáfio, em que Seti I se inspirou para a construção do próprio cenotáfio.

Atualmente, só estão em relativo bom estado os templos da Dinastia XIX, de Seti I e de Ramsés II. A seguir, trataremos principalmente do santuário sagrado de Seti I.

O TEMPLO DE SETI I

O templo de Seti I está edificado sobre a "escada do grande deus" [ver páginas em cores, IMAGEM LII], a via processional que conduzia ao templo ou tumba de Osíris.

O nome do templo é "Menmaatre é útil nos domínios de Osíris". Todos os templos construídos por Seti I reafirmam sua vontade de servir e ser útil aos deuses, proclamando o retorno à ortodoxia religiosa depois dos desvios de Akhenaton. O plano do templo de Seti I tem uma forma em "L" pouco comum.

O "L" é formado por uma ala Sul-Leste perpendicular ao templo principal, de forma retangular. Essa ala contém algumas salas consagradas a Sokar, Nefertum e outras divindades funerárias. Ao sul desses santuários há também uma lista de reis, o que levou Estrabão a chamar esse templo de "Memnonium". No final dessa mesma ala estão todas as salas de preparação das oferendas rituais. A ala principal do "L" também tem um desenho muito particular, com sete portas que levam a sete capelas paralelas. Mais adiante, veremos que elas ocultam um recinto especial que representa o Duat, o mundo invisível do além onde reina Osíris.

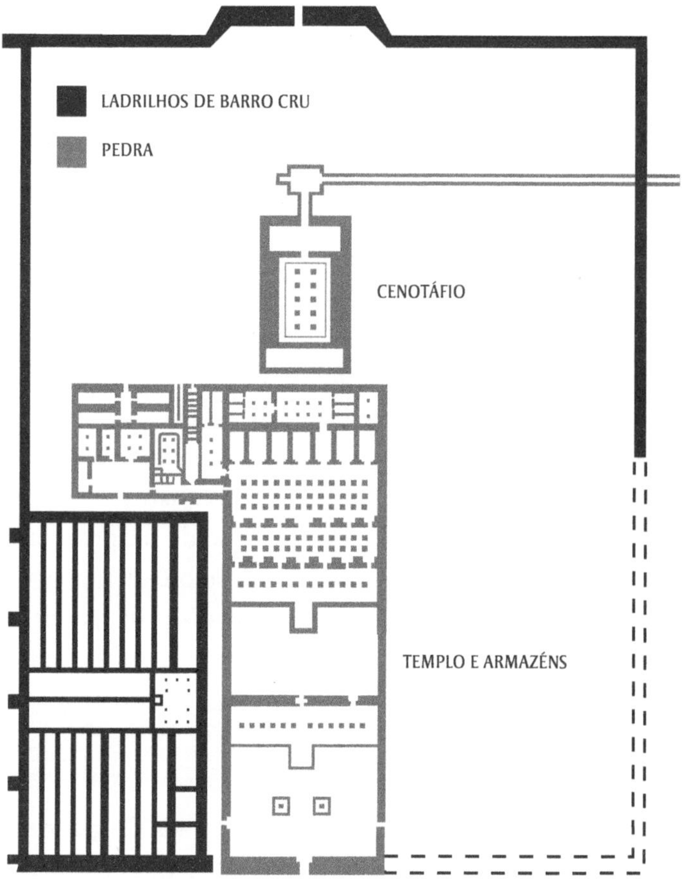

Nesses sete santuários, detalham-se os rituais realizados diante de cada um dos sete deuses. Tais representações rituais são de uma importância capital para a compreensão do chamado "culto cotidiano" no Novo Império. São ritos destinados à manutenção da ordem cósmica através desses sete canais divinos, representando cada um o símbolo de um plano ou de um princípio essencial da Criação (ver analogia com os sete princípios do Kaybalion ou Caibalion).

Logo atrás das câmaras consagradas ao culto de Osíris e ao Duat, mas separada por um espaço de menos de um metro, há uma estrutura subterrânea independente do templo, chamada Osírion. É um cenotáfio que representa o Santo Sepulcro de Osíris, um local de Iniciação aos seus mistérios. O templo era usado para o culto e o Osírion para a Iniciação.

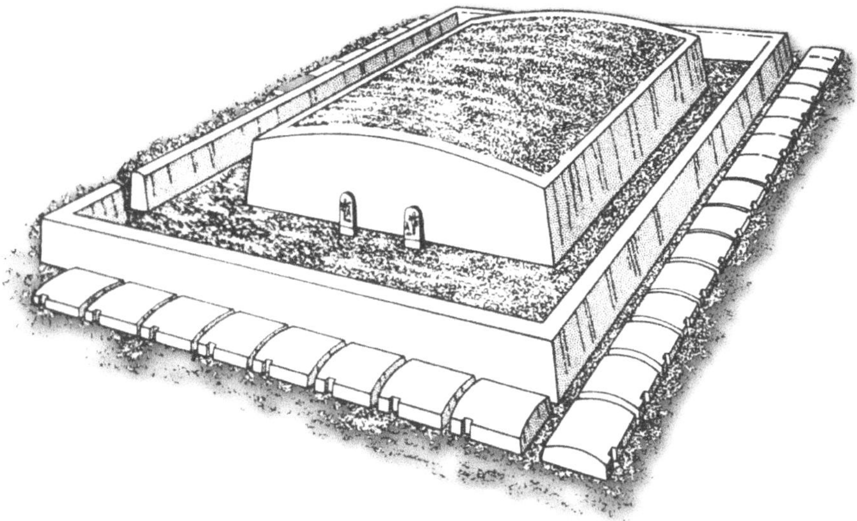

O Osírion também tinha um desenho em "L". O acesso à tumba de Osíris se fazia por um corredor perpendicular, a entrada ao templo subterrâneo pelo norte. A orientação geográfica do edifício principal, que continha a tumba de Osíris, é a mesma do templo de Seti I.

O desenho da planta dessas construções guarda o mistério da Cruz da Vida e de Luz, que organizava a construção da Casa da Vida, o lugar onde os sacerdotes-magos eram iniciados nos mistérios da vida, para aprender a atuar nela.

Ramsés II terminou a construção quando seu pai, Seti I, faleceu. Perto dali, construiu o próprio templo, com um desenho mais clássico, muito parecido com o templo de Medineth Abou.

Percurso místico do templo de Seti I

Chega-se ao primeiro pilono, parcialmente destruído, por uma grande escadaria que começa no desembarcadouro. Há em seguida um pátio com os pórticos destruídos, o segundo pilono e um segundo pátio de pórticos, com sete portas que dão acesso à primeira sala hipostila. Nela há vinte e quatro colunas papiriformes que simbolizam o pântano primordial, de onde surge a Criação e onde Ísis se refugiou com seu infante Hórus. O peregrino que entra na primeira sala hipostila entra no Mundo Primordial: o templo é

uma imagem da Criação. Nas colunas, Ramsés aparece como o filho de cada um dos sete casais divinos, constituindo assim sete tríades.

Essa primeira sala tem cenas da construção ritual do templo. O faraó consagra o espaço sagrado realizando o rito do traçado do perímetro do templo: estende a corda de doze nós que permite obter um ângulo reto e construir o triângulo isósceles com seus lados: três, quatro e cinco.

Depois, vem a purificação com natrão (*oupechech besen*). O natrão era usado na mumificação por seu poder desidratante, para "secar" a múmia. É associado às oferendas relacionadas ao fogo.

Uma vez terminada a construção e consagrado o templo, vemos cenas da "subida real ou entrada do faraó", que é purificado ou "batizado" com a água da vida pelos deuses Hórus e Thoth. A água se transforma nos hieróglifos Ankh e Uas, sacralizando o corpo mortal do faraó.

Várias cenas insistem sobre a constante união do país duplo, reforçando a função real. Hathor a recebe fazendo a reverência "nini" em sua honra, trazendo com suas mãos generosas as águas do Nilo e recordando que uma das principais funções do faraó é garantir a cheia anual desse rio, convocando o espírito de Osíris para que desperte do além e traga a fecundidade a todo o Egito. O Rei se prosterna, o rosto sobre o piso à frente da Divindade, e recebe as Coroas do Egito.

No fundo dessa peça, outras sete portas se abrem para uma segunda sala hipostila, usada como sala de oferenda. Nessa sala, três fileiras de doze colunas demarcam sete corredores que conduzem a sete capelas consagradas (da esquerda para a direita) a Seti I divinizado, Ptah, Ra-Harakti, Amon-Ra, Osíris, Ísis e Hórus [ver páginas em cores, IMAGEM LIII].

A segunda sala hipostila é a que o próprio Seti I construiu. Funciona como um templo do Jubileu, dedicado à celebração da permanência da função monárquica. Vemos o Rei incensando a sala em honra a Osíris, que se encontra no meio de sua corte. O Rei, garantia da ordem do mundo terrestre, oferece a Maat à tríade de Osíris. Em todos esses casos, não se trata do deus Osíris, mas da estátua de culto que fica na capela e é reconhecida como tal, pois está sobre seu pedestal. O faraó está ainda no plano terrestre e, ali, o contato com os deuses se dá através de suas estátuas e de suas respectivas oferendas e ritos mágicos que propiciam o contato com o Ba do deus que reside no Céu. O Ba de Osíris, na constelação de Órion; o de Ísis, na estrela Sírio; o de Hórus na Ursa Menor e o de Seti I na Ursa Maior.

As cenas nas paredes de entrada das capelas evocam a regeneração do Rei transformado em Ser transcendente. Seti I é recebido como um filho pelas deusas Mães Ísis e Mut [ver páginas em cores, IMAGEM LIV]. Ísis o coloca ajoelhado e Mut o amamenta com o leite divino (Ankh e Uas), composto pelos dois elementos divinos: vida e poder. Essa cena simboliza o dom da energia solar sobre-humana que o transcende.

A capela central é a de Amon-Ra, o deus Demiurgo de Tebas. Juntamente com Ptah, o Demiurgo de Mênfis, e Ra, o de Heliópolis, formam uma tríade de deuses cosmogônicos criadores do Universo manifesto. As capelas de Osíris, Ísis e Hórus constituem uma segunda tríade correspondente aos mistérios do além, do nascimento divino e da Realeza na Terra. A capela de Seti I está relacionada à noção do Rei-sacerdote, mediador entre o visível e o invisível, entre o homem e o Cosmos, entre o homem e a morte.

As sete capelas lembram as sete portas ou caminhos que conduzem ao mundo invisível, mas que também são os canais de expressão do invisível para o visível, engendrando as grandes leis ou princípios que permitem o funcionamento da ordem da Criação. Esses princípios são recolhidos na Época Tardia através da tradição de Hermes Thoth em Alexandria, sob a forma dos sete princípios do Caibalion.

As raízes da Criação:

1. O Todo é Mente, o Universo é Mental.
2. O que está em cima é como o que está embaixo.
3. Nada está parado, tudo se move, tudo vibra.
4. Tudo é duplo, tudo tem polos, tudo tem o seu oposto.
5. Tudo tem fluxo e refluxo, tudo tem suas marés, tudo sobe e desce, tudo se manifesta por oscilações compensadas, a medida do movimento à direita é a medida do movimento à esquerda, o ritmo é a compensação.
6. Toda causa tem seu efeito, todo o efeito tem sua causa. Tudo acontece de acordo com a Lei. O acaso é simplesmente um nome dado a uma lei não reconhecida.
7. O gênero está em tudo. Tudo tem o seu princípio masculino e o seu princípio feminino.

Cada uma das sete capelas é um retângulo de 10,85 metros de profundidade por 5,20 de largura, formando praticamente um quadrado duplo. Cada um desses retângulos é dividido em duas metades iguais, no sentido da profundidade, por duas pilastras proeminentes. Seu teto abobadado recorda o desenho das tumbas hipogeias. A decoração do conjunto de capelas é composta de trinta e seis cenas de magníficos relevos policrômicos, que mostram as cerimônias que o Rei deve celebrar diante dos deuses para manter a ordem do mundo. O número "36" está relacionado aos trinta e seis decêndios, ou semanas egípcias de dez dias, que constituem o ano, simbolizando o ciclo do tempo que se renova e se mantém graças à ação conjunta do Rei-mago e dos deuses.

Cada uma dessas capelas é precedida por uma rampa, com exceção da de Amon, que tem uma escada. As escadas representam o limite entre o mundo terrestre e o mundo celeste. Subir por elas é entrar no Céu ou no outro mundo. Sua função é significar a mudança de dimensão por que passa o sacerdote que deixou o mundo terrestre.

As capelas eram fechadas por uma porta dupla de madeira. A parede do fundo de cada uma tinha uma porta falsa, como a das tumbas, que permitia a passagem da alma para o outro mundo e a conexão dos vivos com os mortos. Como veremos, só a de Osíris tinha uma porta verdadeira.

Como indicam os relevos que as decoravam, cada capela continha a barca do deus a que era dedicada. A barca tabernáculo continha uma imagem sagrada em sua cabine-santuário, que estava sempre velada e inacessível aos olhos profanos. Durante as festividades populares, as barcas sagradas saíam dos templos e participavam de cortejos sagrados, e os fiéis podiam consultar seus oráculos e lhes pedir conselhos. É provável que a capela de Seti I não tivesse barca e que um sacerdote dedicado ao culto real oficiasse diante do faraó divinizado.

Na continuação, descreveremos as sete capelas, da direita para a esquerda: Hórus, Ísis, Osíris, Amon, Ra-Haraktis, Ptah e Seti I.

Na capela de Hórus [1], o faraó faz com a mão direita o gesto da "dádiva das faixas de tecido" (seshepit) [ver páginas em cores, IMAGEM LV], tecidos que servem para vestir o deus no final do rito, quando a alvorada o desperta e sua capela é aberta. Com a mão esquerda, o faraó faz a oferenda do "colar da menat" da deusa Hathor [2], símbolo da harmonia. Essas duas oferendas se identificam com o hieróglifo das plumas e dos Olhos de Hórus, que permitem ver o além e contar com a sabedoria necessária para a ação que se empreende.

1

2

Quando se fazia essa oferenda, que se repetia na capela de Amon, o sacerdote-mago recitava:

"Para que vivas na cabeça dos vivos, direi:
O Olho de Hórus vem... vê o deus que o criou; a 'Grande' (Uraeus) vem.
Ah! Que seus adversários implorem. Ah! (seus) dois olhos divinos, quando ela faz sua emissão de palavras.
Foi Ra que lhe deu a coragem; é Ísis que faz cair a chuva (de seus olhos);
é Néftis que te faz reverdecer; é Thoth que te cura com o que lhe pertence;
é Geb que te refresca com a inundação.
Oh grande que está na cabeça (de Amon),
aclamação, louvor a ti que estás na frente de Osíris, Olho de Hórus, alegria do coração.
Hórus tomou a ti (shep) em teu nome de seshepit;
o grande Olho de Hórus passou (por ti) Amon-Ra, com suas belezas.
Ele firmou tuas duas plumas sobre a tua cabeça, para que golpeies teus adversários.
Dito pelo filho do Sol, Seti I: Amon-Ra, elevei a ti teu Olho, para que tua face não esteja privada de seus dois olhos."

(Moret, A., *Le rituel du culte divin journalier en Egypte*, Gerard Nonfort, Brionne, 1983)

Na capela de Ísis continuam as imagens do rito cotidiano. O Rei incensa a estátua da deusa e a despe. Depois, coroa Ísis.

Na capela de Osíris [3], o Rei faz a oferenda do fogo com incenso e a líquida com água fresca, diante da estátua de Osíris. Abre a capela e abraça a estátua divina. Seti I penetra simbolicamente no *naos* de Osíris, ou seja, penetra no mundo dos deuses.

3

Na capela de Amon está representada a barca do deus [4] e, em segundo plano, a de sua esposa Mut e seu filho Konsu. O Rei ilumina a estátua de Amon Min [5], retira os selos lacrados, testemunhas de que a capela estava intacta, e realiza o despertar do deus [6]. Unge-o com perfumes e azeites sagrados. Depois caminha de costas até a saída, varrendo o chão à frente de seus passos. Esta cena, característica do rito de varredura dos passos pelo sacerdote, indica que o lugar está novamente puro e incorruptível, virgem, como na origem do mundo.

4

5

6

Na capela de Ra-Haraktis, o faraó repete o rito. O deus solar aparece sob múltiplas formas: como escaravelho Kep rer na alvorada; como disco solar, Ra, ao meio-dia; como o velho deus Atum, ao entardecer.

A capela de Ptah [7] apresenta uma série de passes magnéticos que o faraó realiza sobre a estátua do deus para revivê-lo e para se beneficiar de sua energia. Na realidade, essas representações nos mostram o conceito da energética egípcia e de seus circuitos. O oficiante e a estátua divina se conectam como em um circuito elétrico, gerando uma "corrente" de vida.

7

Na capela de Seti I divinizado [8], encontra-se a representação das almas ancestrais dos primeiros reis do Egito, denominadas Pe e Nekhen, sob a forma de falcões e cães. Carregam o Rei, sentado em seu trono, pronto para uma celebração real.

8

Há também cenas simbólicas da união entre os dois Egitos. Com seu sentido mágico, a Sema Taouy reforça basicamente a união do Alto e do Baixo Egito, realizada pelos regentes da Casa da Vida, Hórus e Thoth.

O Reino de Osíris

A porta que fica numa das extremidades da capela de Osíris dá acesso a uma grande área consagrada ao culto do deus, que ocupa toda a largura do templo. A entrada para esse lugar é por uma grande sala central de recepção que mede 21 metros de comprimento e 10 de largura: novamente um duplo quadrado, decorado com as cenas do mito de Osíris.

A parte ocidental dessa sala é ocupada por três capelas pequenas, consagradas à tríade osiríaca. A capela central é a de Osíris-Seti I, à sua direita está a de Ísis e, à sua esquerda, a de Hórus. Um dos elementos mais curiosos do templo está atrás dessas três capelas: uma sala com dois pilares, sem nenhum meio de acesso, totalmente hermética. A parte oriental dá para um santuário, com seu pórtico de entrada e suas três capelas.

Essa sala também é chamada de "sala dos Mistérios". É uma das mais ricas em iconografia dos mistérios de Osíris e de sua relação com a transfiguração osiríaca do próprio faraó.

O Rei ajuda Ísis a ungir o fetiche de Osíris: um mastro com uma cabeça humana encoberta por uma grande peruca, de onde surgem duas plumas

[9]. Trata-se de uma representação da caixa que contém a cabeça de Osíris. É o relicário por excelência do deus. Simboliza a cidade de Abidos, onde a deusa Ísis encontrou a cabeça de seu esposo.

9

Seth, ajudado por Ísis, erige o pilar Djed, que simboliza a coluna vertebral de Osíris. A elevação do pilar Djed representa as cerimônias do renascimento de Osíris. Essa cena é de grande importância para o equilíbrio cósmico, pois representa o retorno à ordem universal. O Eixo do Mundo, simbolizado pelo Djed, volta a ser a coluna de estabilidade que mantém o mundo em equilíbrio. Associado ao indivíduo, representa sua própria ressurreição no além.

O pilar Djed erigido por Seth traz os símbolos solares do disco e as plumas do falcão, indicando a fusão de Osíris e Ra, o retorno à unidade, a vitória sobre o desmembramento, já que encerra o ciclo de separação-desmembramento: é a reunificação que, segundo os egípcios, se reproduz indefinidamente durante a Criação.

Em seguida, vemos Seth oferecendo um "pão piramidal" ao cetro sekhem que representa Thoth, o poder da sabedoria, que permite a reunificação na unidade.

O Rei oferece uma estátua da Maat a um falcão que está sobre uma tumba, que serve de pedestal ao *naos* que o contém, uma espécie de catafalco-relicário que representa o próprio Rei defunto, que recebe as oferendas do Rei transfigurado no além [10].

10

Segue-se uma série de oferendas às diferentes formas de Osíris relacionadas à agricultura e aos mistérios da germinação. Seth continua sua viagem celeste e oferece flores a Geb e a Nut, a Terra e o Céu.

As três capelas situadas na extremidade ocidental são consagradas à tríade osiríaca.

Na capela de Hórus são festejadas as cerimônias do Jubileu real, ou festas Sed. Aos trinta anos do reinado do faraó, ou num momento simbólico a ser determinado, realiza-se uma cerimônia iniciática relacionada aos mistérios da renovação do Poder Real em vida, inspirada nos mistérios de Osíris. Estes ritos têm como objetivo rejuvenescer a força do faraó para que possa iniciar um novo ciclo como um jovem Hórus.

Na capela de Ísis são feitas as oferendas, sobretudo a do "vaso Nou", que contém as águas do Nun, ou Oceano Primordial.

A capela de Osíris é dedicada a Seth transfigurado em Osíris, que ocupa o lugar do deus. Ele está mumificado, portando os cetros osiríacos, prestes a renascer como um novo Sol [11].

11

Traz na cabeça os chifres do carneiro, o animal sagrado de Amon-Ra, que dá marradas nas trevas. Seth é representado como um "Osíris solar" [12] recebendo o Ankh, signo da vida, e os cetros tutelares das mãos de Thoth. Esses cetros trazem a planta heráldica do Alto Egito, o lírio, e a do Baixo Egito, o papiro. Thoth aparece como o Ka, ou "duplo protetor do faraó". O "abridor de caminhos", Upuaut, está presente na cena, reforçando a ideia da vitória de Seth sobre a morte e as trevas.

Um sacerdote jovem, associado a Hórus, pratica o culto ancestral a seu "pai" Seth, transmutado em Osíris. É seguido por Ísis, que leva o sistro e a menta, que proporciona a energia da vida e da Ressurreição a Seth-Osíris.

O outro extremo da sala dos Mistérios conduz a outra peça e a outras três capelas, muito mais arruinadas. É possível reconhecer uma cena da fecundação de Ísis: vê-se um pedaço da asa do corvo-Ísis, Néftis em lágrimas e um deus masculino (Hórus, Anúbis ou Sokaris).

12

A segunda sala hipostila tem duas portas voltadas para o sudeste: uma dá para um vestíbulo de três colunas que leva às capelas de Ptah-Sokar e seu filho Nefertum, lembrando a teologia de Mênfis; a outra porta tem uma representação de Djed, pilar da estabilidade e símbolo da Ressurreição de Osíris, que conduz ao edifício perpendicular ao templo por um corredor de 25 metros, ascendente, que se comunica com um conjunto de salas. Na imagem, vemos o faraó procedendo à unção de Ra [13].

13

As capelas da tríade de Mênfis (Ptah, Sekhmet e Nefertum) honram a primeira capital do Egito reunificado. Ptah [14] está associado a Sokaris, a divindade arcaica da necrópole de Mênfis. A deusa Sekhmet é figurada como uma leoa: encolerizada, é uma força destruidora, que é inimiga dos homens e traz as pestes; apaziguada, é a deusa da medicina. Através de sua raiz, possui a força do grande poder (sekhem) sobre a vida e a morte. Nefertum é o primeiro dia do ano, o eternamente jovem que encarna a força da renovação nos ciclos do tempo.

14

Chega-se às duas capelas por um vestíbulo onde se vê o Rei-sacerdote fazendo a clássica oferenda do pão e do leite. No santuário de Ptah-Sokaris, observam-se belíssimas cenas da regeneração de Osíris por Ísis e Sokaris. Vê-se o despertar de Osíris, simbolizado pela elevação de seu braço e pelo falo erguido [15]. Agora, Osíris é capaz de fecundar Ísis, que aparece sobre seu falo como uma ave de rapina [16].

15

16

No santuário de Nefertum, vê-se o deus com seu símbolo: um lótus de onde emergem duas plumas, que são símbolos solares. A capela de Sekhmet desapareceu.

O corredor que une as duas alas, chamado de "corredor dos reis", tem esculpida nas paredes a "lista real de Abidos", ou "Tabuleta de Abidos". Enquanto seu filho Ramsés recita as fórmulas sagradas, Seth incensa os cartuchos de sessenta e quatro faraós escolhidos entre os que reinaram sobre o Egito desde a época de sua unificação, por Narmer Menes. À direita, no meio do corredor dos reis, uma escada conduz ao terraço do templo, de onde os peregrinos podem ver o túmulo do cenotáfio subterrâneo, ou Osírion.

Nessa escadaria, Ramsés II e um de seus filhos são representados caçando um touro a laço. Essa era uma prova de controle da força e da potência do faraó, a que Ramsés foi submetido por Seth, segundo diz a lenda, quando era adolescente.

Também se vê Ramsés II levando a barca de Sokaris diante do pai transfigurado em Osíris. O velho deus Solar da necrópole de Mênfis representa o Sol da meia-noite, o umbigo do mundo, o lugar da regeneração, já que todas as dimensões o atravessam e se interligam, gerando uma fonte de extraordinária vitalidade e o retorno à origem das coisas.

Na parede esquerda, Ramsés conduz os quatro bois do sacrifício para os apresentar ao pai e percorre o recinto do templo, carregando-o com sua vitalidade. Preside também a caça aos pássaros aquáticos com uma rede que representa um rito mágico da Criação. Ramsés faz a oferenda dos quatro bezerros para Konsu e Seti I. Os bezerros eram usados para enterrar os grãos no momento da semeadura. Simbolicamente, era Osíris que enterravam. Esse "assassinato", embora indispensável para o renascimento de Osíris (a germinação), era castigado com o sacrifício dos quatro bezerros. No final, ele aparece felicitando o pai pela construção do templo, juntamente com um discurso da deusa da geometria, Sechat.

As outras salas da ala sul estão em mau estado. Eram o local dos sacrifícios e da preparação das oferendas.

Capítulo 8

O Osírion de Abidos e os mistérios da Iniciação

"Ísis instituiu os mistérios para que servissem como lição de piedade e consolo para homens e mulheres que passassem pelas mesmas provas. Ísis inventa o remédio que dá a imortalidade."

DIODORO

Para os vivos, passar pela prova da Balança parece ser uma condição necessária à Iniciação. Essa prova é uma metamorfose, antecipada em forma simbólica, dos vivos em defuntos e da outorga do título de Maakheru.

Max Guilmot prova que a cidade de Abidos, capital do culto osiríaco, era uma das cidades que proporcionavam a Iniciação para os vivos. A parede leste do salão central do Osírion de Abidos tem uma inscrição que parece confirmar a outorga do título Maakheru naquele lugar, já que cita as palavras do deus Anúbis: "Numerosas são tuas boas ações, sim, numerosas são tuas boas ações que foram postas na Balança".

No templo, era realizado o culto cotidiano de manutenção do equilíbrio da Criação e do devir eterno da alma do faraó. A Iniciação tinha lugar no cenotáfio ou Osírion, que simulava a tumba do deus, com quem os vivos e os mortos tinham que se identificar para conseguir suas transmutações e renascimentos.

A ARQUITETURA SIMBÓLICA DO OSÍRION

O cenotáfio denominado Osírion é construído em hipogeu numa colina rochosa [ver páginas em cores, IMAGEM LVI]. Fica atrás do templo, mas sobre o mesmo eixo. O Osírion foi descoberto em 1903. Sua disposição geral reproduz a Colina Primordial da Criação do mundo. Sobre o túmulo, era plantada a árvore de Osíris, a acácia: suas raízes se alimentavam do próprio Nun, ou Oceano Primordial, e sua folhagem exalava a "substância osiríaca", cuja energia mantém unidas todas as partes do Universo e, consequentemente, os componentes de cada organismo vivo. Unia o mundo subterrâneo às forças celestes e regia os ciclos da regeneração e os renascimentos. No centro do túmulo-colina está a mais misteriosa das construções dedicadas ao renascimento da alma no Egito. É um lugar que celebra a perenidade do deus.

A entrada para o Osírion fica a noroeste. Dá acesso a ele um corredor de 32 metros de comprimento, em leve inclinação. Sua parede leste está coberta de textos extraídos do *Livro do que está no além*, e a parede oeste de textos do *Livro das portas*. Esse corredor, abobadado como as tumbas, continua em linha reta por mais de 80 metros na direção leste. Depois, há uma antecâmara ou primeiro vestíbulo, seguida de duas salas cobertas de textos religiosos. Um segundo corredor, perpendicular ao primeiro, conduz ao grande vestíbulo, uma sala transversal de 20 x 6 metros, decorada com cenas e citações do *Livro dos mortos* ou *Livro da saída da alma para a luz do dia*.

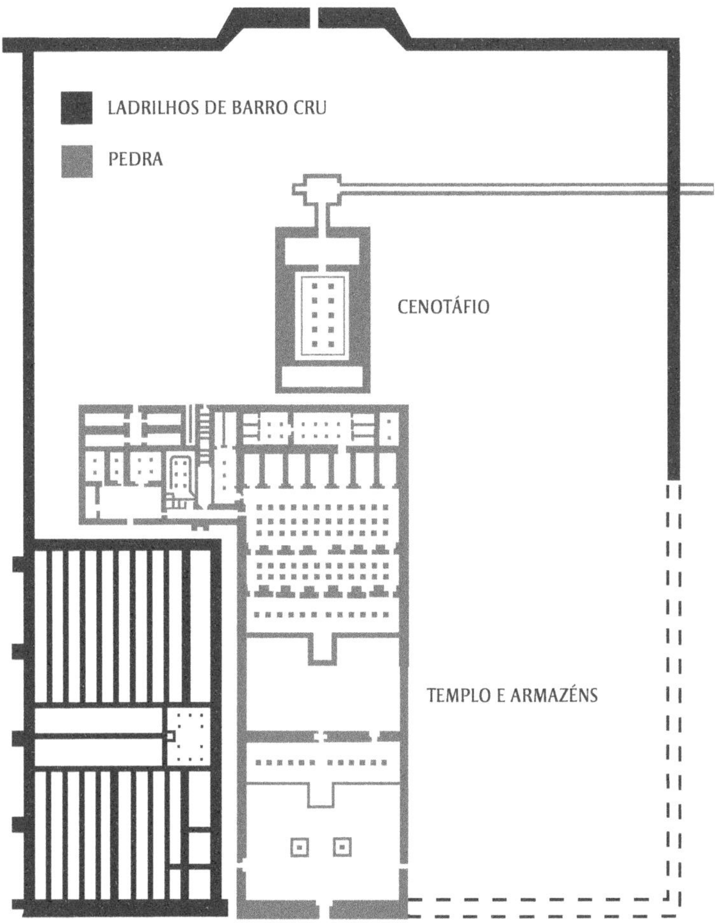

O cenotáfio é um salão de 30,5 x 25 metros, sustentado por duas fileiras de cinco pilares de granito rosado. Imita uma ilha (símbolo da Colina Primordial) que surge de um lago. Não há ponte que permita chegar a essa ilha. O canal que a rodeia é cercado por um muro em que há dezessete nichos a que se chega por uma passagem estreita. Em cada extremidade da sala, duas escadas, que começam no fundo do canal, levam à ilha pelo eixo; lá o piso tem duas cavidades, provavelmente destinadas a receber o sarcófago e os vasos canopeus. No meio dessa elevação devia haver um sarcófago simbólico, mas vazio.

A última sala transversal, simétrica em relação ao grande vestíbulo, denominada sala "do sarcófago", tem um teto astronômico em abóbada,

com uma representação da deusa Nut, o percurso do Sol e das estrelas, lembrando que o destino da alma é o Céu. O conjunto tinha um teto com arquitraves em granito maciço, que ficou depois enterrado na areia. O estilo da construção imita a arquitetura sólida e maciça do Antigo Império, como a do templo do Vale de Quéfren, em Gizé, onde se realizavam as últimas cerimônias da mumificação e começava a viagem do morto em direção ao além no corpo de Nut.

OS RITOS DO OSÍRION

O longo corredor que subia até a superfície unia a cripta subterrânea ao mundo exterior. Nele se via o deus Anúbis que conduzia o candidato até o "montículo da Ressurreição". Podemos então deduzir que a descida ao Osírion equivalia a uma morte ritual, assim como a descida ao mundo do Duat, uma espécie de antecipação, para o ser vivo, do que teria que passar no além.

O Osírion de Abidos tinha aparentemente uma sala de abatimento e de Ressurreição osiríaca. No centro do salão subterrâneo, sobre o "montículo da Ressurreição" (o *omphalos* de Sokar-Osíris), havia um grande sarcófago de pedra e uma caixa que continha os vasos canopeus. Na "barca dos Milhões de anos" figuravam cenas do Tribunal e da Ressurreição.

A Iniciação ou o emprego dos mistérios da Ressurreição pelos vivos

Alguns documentos da Baixa Época e de tempos arcaicos nos permitem deduzir que alguns egípcios conheceram em vida os mistérios da Ressurreição, aparentemente reservados para os mortos.

"Juntamente com os ritos, formulava-se a adoração cotidiana aos deuses. Os templos do Egito eram sede de cerimônias de caráter muito especial, cujo significado era reservado a uma elite de sacerdotes e espectadores, celebradas em edifícios isolados, em datas determinadas e em horas diferentes das consagradas ao culto comum. Os gregos chamavam essas cerimônias de 'Mistérios'. Na língua egípcia, a palavra também existe: '*seshtau* ou mistérios' e '*ajut*', que significa aproximadamente 'coisas sagradas, gloriosas, proveitosas'. Quando os ritos se realizavam em honra a um deus ou a um homem, podiam transfigurá-lo em um Ser sagrado, *aju*, as 'coisas se tornavam sagradas', *sahu*, motivo pelo qual se levava a cabo a celebração que chamarei, tal como os gregos, de 'Mistérios egípcios'" (Moret, A., *Les mystéres..., op. cit)*.

Morte e Iniciação

Mircea Eliade define a Iniciação como "... uma mutação ontológica do regime existencial. Ao final das provas, o neófito se converte em outro". Acrescenta ainda: "Constitui o fenômeno espiritual mais significativo da história da humanidade" (Eliade, M., *La nostalgia des originès,* Gallimard, Paris, 1971).

Com efeito, afeta a totalidade da vida do indivíduo, transformando-o em um Ser aberto ao espírito. A palavra "iniciação" vem do latim *initiare*, que significa "começar, introduzir-se". A Iniciação é então um "rito de trânsito", imitando ou antecipando as provas que balizam o curso da existência humana. É um processo destinado a realizar psicologicamente a passagem a um estado do Ser considerado inferior a um estado superior, permitindo que a alma ascenda à sua fonte original. Permite a aceleração de um processo inexorável, o do movimento ascendente da alma depois de sua "queda na matéria". Permite também, de alguma forma, um retorno e uma reintegração ao mundo original.

É o retorno ao tempo de "antes da criação", o da totalidade viva e sagrada: é nas origens, antes da Criação, que podem se dar as modificações no Ser, que assim renasce novo, sendo entretanto eternamente o mesmo.

A Iniciação não é uma aprendizagem intelectual, mas um processo de renovação interior que proporciona, entre outras coisas, uma visão global do mundo. Toda Iniciação significa "morte" da antiga personalidade e adoção de uma nova, mais harmoniosa. Por essa razão, Platão dizia: "Morrer é ser iniciado".

Por ocasião de cada crise decisiva e com cada "rito de trânsito", o homem revive o drama do Mundo *ab initio*. A operação se efetua em dois tempos: o retorno à totalidade divina, indistinta e primordial, e a repetição da cosmogonia, ou seja, da fragmentação da unidade primitiva. A Iniciação é, portanto, uma aquisição irreversível: toda Iniciação compreende o esquema de "Vida, Morte e Ressurreição".

Mas se é um fenômeno opcional, pelo qual o indivíduo passa voluntariamente, existe um evento iniludível para todo ser humano: a morte. Portanto, apresenta-se como o meio oferecido ao homem *in extremis* para passar pela Iniciação. A emotiva história de Sinuê prova até que ponto o regresso ao Egito era importante para assegurar a passagem a uma nova vida.

O ritual Funerário reconstitui as fases da Iniciação. Assim, ajuda o "transpasse", utilizando uma técnica do invisível para impactar o indivíduo por meio dos arquétipos divinos. A morte é um momento essencial e os valores "morte e iniciação" são intercambiáveis. Em grego, há inclusive um jogo de palavras entre *teleisthai* (iniciação) e *teleuton* (morte).

"A morte física é assimilada a um rito de passagem para uma condição superior. A morte iniciática é condição *sine qua non* de toda geração espiritual e, no final das contas, da sobrevivência da alma e de sua imortalidade.

Sua finalidade é fazer nascer o verdadeiro homem espiritual. Dessa maneira, o templo do homem é seu corpo, como uma porta que esconde, por trás de seu aspecto material, outras portas, seus componentes 'numéricos'" (Eliade, M., *Initiations, rites, sociètès secrètes*, Gallimard, Paris, 1959).

O périplo alegórico através do templo está estreitamente ligado à passagem pelas portas, ao despertar da consciência por meio do conhecimento de si mesmo. O homem descobre assim a lei dos ciclos e da renovação por meio da Iniciação no tempo, e o onipresente Cosmos mediante a Iniciação no espaço. Revive em si mesmo todas as etapas, convertendo-se em um verdadeiro "microcosmos". É "aí" que pode se transformar e adquirir todas as formas.

Como indica o *Livro dos mortos*, conhecer o nome de cada parte da barca, de cada gênio das portas, de cada guarda funerário, significa possuir sua identidade e, portanto, ser capaz de se converter em cada um deles. A viagem da alma se completa quando o homem compartilha o nome de Deus...

E se não estamos em posição de julgar a eficácia dessas iniciações tradicionais, podemos ao menos aceitar a reflexão de Mircea Eliade: "O importante é proclamar a intenção e reivindicar o poder de transmutar a existência humana. A nostalgia de uma renovação iniciática, que surge esporadicamente nas profundezas do homem moderno a-religioso, nos parece então muito significativa: seria em suma a expressão moderna da eterna nostalgia humana de encontrar um sentido positivo para a morte, de aceitar a morte como rito de passagem para um modo de ser superior. Com efeito, só a Iniciação confere à morte uma função positiva: a de preparação para o 'novo nascimento', puramente espiritual, o acesso a um modo de ser excluído da ação devastadora do Tempo" (Eliade, M., *Initiations...*, *op. cit.*).

Para o pensamento egípcio, é no momento da morte que o homem enfrenta sua realidade inexorável: está só diante de seus atos e de seus juízos, e é prerrogativa sua efetuar a transmutação que converterá sua alma em um Sol nascente. Pois, se a Iniciação é um rito de passagem que torna possível vislumbrar o futuro, a morte é o último desses ritos, aquele diante do qual nenhum mortal pode retroceder.

"No panorama dos ritos iniciáticos, a 'morte' corresponde ao retorno provisório ao 'Caos': é a expressão exemplar do fim de um modo de ser de ignorância e de irresponsabilidade infantil. A morte iniciática torna possível a *tabula rasa* em que foram escritas as revelações sucessivas, destinadas a formar um homem novo (...) As imagens e símbolos da morte ritual são semelhantes à germinação da embriologia: indicam que uma nova vida está prestes a nascer" (Eliade, M., *Initiations...*, *op. cit.*).

São inúmeros os testemunhos de representações de mistérios que põem em cena a Paixão de Osíris, sua Morte e sua Ressurreição. Foram encontradas capelas destinadas aos mistérios nas criptas situadas nos terraços dos templos de Dendera e de Edfu. No templo do Novo Império, em Karnak, encontramos salas de solarização usadas não apenas para alojar estátuas, mas também pelos vivos que evocavam Maakheru.

A expressão "Maakheru" é reservada, sobretudo, para os defuntos que, diante da Balança, defendiam sua causa "sem fraqueza". Podemos traduzir o epíteto "Maakheru" como "Justo de Voz ou Justificado". Para Alexandre Moret, essa fórmula encerra um poder milagroso dos seres mortos ou vivos, divinizados por meio dos ritos. Maakheru surge como a Voz criadora que, junto com a Voz produtora de oferendas Perkheru, assegura ao candidato capaz de emiti-la a transfiguração em deus e sua permanência nesse estado.

"No decorrer desses dramas, representações gestuais com participação popular, intercalavam-se certas cerimônias 'secretas' que todo Mistério compreende por definição. Tudo aquilo que era celebrado a céu aberto e em público nada mais era do que um meio de popularizar as peripécias da vida de Osíris, sua morte, sua paixão, seu triunfo.

Já os ritos que asseguravam infalivelmente a Ressurreição do deus só eram celebrados no interior do santuário, em locais fortificados e purificados graças aos cuidados de sacerdotes especiais e de alguns leigos, iniciados e instruídos nas coisas divinas.

Não se discute que tenha havido um culto em um lugar 'secreto e reservado aos iniciados'. Desde os tempos do Império Antigo fala-se de 'ritos sagrados, celebrados de acordo com o Livro secreto da arte pelo oficiante'. Aqueles que o conheciam eram chamados de 'chefes do segredo ou do Mistério', *herj sehsta*, à maneira do deus Anúbis, inventor dos ritos da mumificação e da Ressurreição, que era o 'chefe do Mistério' por excelência. Cada deus, cada culto tinha o seu 'Mistério' e os sacerdotes a eles consagrados eram os únicos possuidores do 'Mistério do deus' ou 'Mistério das palavras divinas'" (Ressurreição-Solarização: Ressurreição de Osíris representada nos templos de Dendera e representação das cerimônias rituais).

O modelo exemplar dos ritos iniciáticos religiosos estava construído em torno do mito de Osíris, pelo menos a partir do Império Médio. Rei divino, ele abriu o caminho do além a todos os mortais que dele se aproximavam. Sendo o primeiro a penetrar o mundo da morte, é também o primeiro a transmitir aos homens a certeza do renascimento da alma depois das provações. Mas, como vimos anteriormente, o caráter intercambiável dos valores "morte e iniciação" nos leva a pensar que esse é também o modelo da morte iniciática e do renascimento espiritual. Por ocasião de sua iniciação nos mistérios de Ísis, Apuleio sofreu uma "morte voluntária" e uma "aproximação do reino da morte" com o objetivo de obter seu "dia de nascimento espiritual".

A Iniciação de Horsiesis em Abidos segundo o Papiro de Leiden

O Papiro de Leiden, estudado por Max Guilmot, a respeito de uma cerimônia de Iniciação em Abidos, parece evocar a existência de um grupo iniciático de seres vivos, assim como sua função de iniciadores: "Então, no Santo Lugar, te outorgamos o título: Justificado, Triunfante". O papiro alude a um rito que não acontece em nenhum ponto do além, mas sobre a Terra, no templo de Abidos.

Tradução de extratos do Papiro de Leiden

– *Imposição das flores do Mestre do Ocidente*

A ti foi trazida
a coroa de flores
de (Osíris), Mestre do Ocidente,
apresentada em oferenda
de (Osíris)-Unnefer
Justo de Voz.

– *A entrada nos domínios de Abidos*

As duas seções da porta
de Ra-Uryt
se abrem para (te receber).

– *Anúbis guia o viajante na Necrópole*

(Anúbis) – o deus sobre a Montanha –
não afastou teu braço
e escalaste as colinas santas.
Entras nos santuários;
nas capelas, deambulas.
Tua rota, em seguida, prossegues
em direção a Rostau (a necrópole).
Alargas o passo
em Ta-djeser (terra dos mortos).

– *Descenso à Terra*

Entras na Terra;
Geb (deus da Terra),
se entreabre para ti!

– *Entrada no santuário osiríaco; Horsiesis é proclamado "Maakheru"*

Chegas à sala subterrânea,
sob as árvores (sagradas).
Perto do deus (Osíris), eis-te (aqui) chegado,
(o deus) que dorme em seu sepulcro.
Sua venerável imagem
(jaz) sobre seu leito funerário.
(Então), no Lugar Santo,
te é outorgado (o título):
"Justificado" (triunfante).

– *O banho ritual*

Teu corpo é purificado
em Ra-Anedjti;
tuas carnes são purificadas
no recipiente (sagrado)
de Heket (a Rã).

– *A revelação osiríaca*

Abrem-se para ti as Portas
do horizonte do Outro Mundo.
Na paz, na paz alcanças
o Santo Lugar de Osíris!

– *Sonho no templo de Osíris*

Passas a noite,
e dormes no lugar
reservado aos Mistérios.

– *A prova da Balança*

Horsiesis, o candidato,
terá conhecido em vida a prova da Balança?

(T32, linhas 9 a 21, Guilmot, M., *Les Initiés et les rites initiatiques en Egypte ancienne*, Robert Laffont, Paris, 1977).

François Daumas, em *La Civilización del Egipto faraónico*, escreve sobre as quarenta e duas declarações de inocência do defunto diante da Balança: "Portanto, podemos conceber tais negações como um catálogo das faltas que se exigia que os adeptos não cometessem. Os livros indicam frequentemente que essa parte é útil na Terra e no além e que deve ser lida todos os dias. Isso significa que se dava a conhecer e era ensinada em círculos relativamente restritos. Poderíamos comparar esses fatos aos mistérios gregos. Ainda assim, isso permitiria compreender por que a cena do Julgamento figura na capela do Sul, no templo funerário dedicado à deusa Hathor em Deir, El Medinat. Era um dos lugares em que se podia introduzir os fiéis à presença de Osíris, para lhes mostrar de maneira concreta as provas que deveriam superar" (Daumas, F., *La civilisation de l'Egypte pharaonique*, Arthaud, Paris, 1982).

Mais de um personagem versado em questões teológicas parece fazer alusão aos ensinamentos recebidos, em sua biografia. Mas isso se faz em termos obscuros, para não desvelar o segredo. Ouçamos Paheri de El-Kab: "Fui posto na Balança. Fui examinado, saí intacto e salvo. Ia e vinha, meu coração possuidor das mesmas qualidades. Não menti a ninguém, pois conhecia o deus que está no homem (Sahu); estava perfeitamente instruído e soube distinguir uma coisa da outra. Consegui todas as coisas de acordo com as palavras" (*Ibid.*).

O Papiro de Leiden revela a Iniciação do candidato Horsiesis em Abidos. Descreve que depois de sua passagem pela Balança, ou seja, de seu descenso aos mundos inferiores, ele se converteu num Justificado. Antes de comparecer diante de Osíris em pessoa, recebe um banho ritual, em que purifica as últimas imperfeições terrestres. "Teu corpo é purificado para a entrada de Anedjty (Osíris), tuas carnes foram purificadas na poça sagrada de Heket, a Rã" ("Papiro de Leiden", em Guilmot, M., *op. cit*).

É interessante lembrar que o Rei-sacerdote, antes de entrar no santuário do deus do templo, também tem que passar por um batismo purificador que o iguala a um deus. Com efeito, assim como existe uma analogia entre o plano simbólico do templo e o do sepulcro, existe também uma analogia com os gestos rituais.

Os ritos do templo permitem a incorporação do espírito terrestre na Terra. Os do sepulcro, para o morto, os das salas de Iniciação, para o morto simbólico, produzem a liberação ou passagem da alma da Terra para o Céu. A diferença entre os ritos dos seres vivos e os dos mortos não é relativa à natureza, mas ao sentido. Buscam a passagem necessária da circulação da Vida-Una entre as duas margens da existência: observável e invisível.

As relações entre as etapas da Iniciação e as fases do *Livro dos mortos*

O estudo comparativo dos Papiros A, B e C de Leiden, que datam do século I d.C., da inscrição da estátua de Hor, iniciada em Karnak entre os séculos IX e VIII a.C., e da inscrição da tumba de Amenhotep, do século XV a.C., prova a existência de um ritual comum.

As etapas são as seguintes:

- Chegada do postulante, associada à abertura das portas, à deambulação no templo ou à travessia da necrópole.
- "Justificação" do postulante ou "purificação" (morte ritual), com a Balança como testemunha, unida à descida ao mundo subterrâneo e à tomada de consciência de todos os Mistérios. Aparentemente, a Balança cumpre a função de porta dupla que abre o caminho para os Mistérios.
- A regeneração, ligada ao mergulho no Nun purificador e à passagem pelas águas do renascimento. Esta regeneração aparece como uma verdadeira Ressurreição nos planos invisíveis.
- Iluminação e transmutação [ver páginas em cores, IMAGEM LVII], associada à revelação osiríaca, à visão do deus em sua própria morada. Essa etapa provoca uma verdadeira glorificação ou transmutação do candidato que se converteu em contemporâneo do deus e iluminado pela sua magnificência. Ou seja, que se "solarizou" (para ampliar esse tema, ver *Egipto revelado*, publicado na Argentina pela editora Kier).

Seguem-se à Iniciação o "sonho iniciático" e a obtenção de títulos de sacerdote no clero. A relação entre as etapas que o candidato atravessa ao longo da cerimônia da Iniciação e as quatro fases do *Livro dos mortos* é surpreendente: assim, esse livro serve de modelo de Iniciação tanto para os mortos como para os vivos.

"Justificação, regeneração, iluminação e transmutação são as fases principais da Iniciação. A sucessão é simples, rigorosa, e a ascensão liberadora é sabiamente ordenada; não há regeneração sem justificação prévia da alma (morte ritual ou autossacrifício); e não há revelação do Divino sem que antes o homem seja ele mesmo um Ser divinizado por meio da regeneração. Para se converter em iniciado, é preciso, como o sacerdote de Amon em Karnak, que tenha sido antes revelado psicologicamente a si mesmo, depois regenerado e finalmente iluminado. Para os vivos, a Iniciação é uma epifania provocada, que predispõe o espírito a conhecer o contato cósmico autêntico" (Guilmot, M., *op. cit.*).

No hieróglifo da Iniciação, o peixe é representado "ao contrário", pronto a saltar fora d'água, indicando sua capacidade de "respirar" em outro plano.

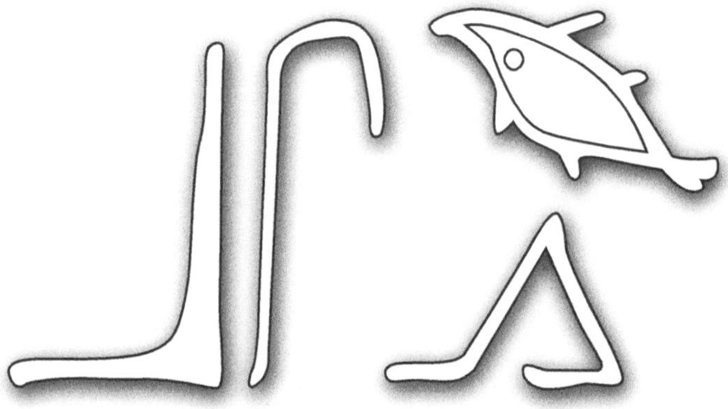

QUADRO SINÓPTICO

A. Papiro de Leiden Horsiesis iniciado em Abidos, século I d.C.	*B. Papiro de Leiden* Horsiesis iniciado em Bursiris, século I d.C.	*C. Papiro de Leiden* Horsiesis iniciado em Karnak, século I d.C.	*D. Inscrição da estátua de Hor* Iniciado em Karnak, séculos IX a VIII a.C.	*E. Inscrição na tumba de Amenhotep* Iniciado em Karnak, século XV a.C.
Chegada do postulante 1. Dádiva das flores do Mestre do Ocidente (Osíris). 2. Abertura das Portas do domínio funerário. 3. Anúbis guia o postulante na necrópole. 4. Descenso à Terra.	*Chegada do postulante* 1. Travessia da necrópole. 2. Entrada no templo. 3. Passagem pela sala hipostila.	*Chegada do postulante* 1. Deambulação em Karnak.	*Chegada do postulante* 1. Introdução no templo.	*Chegada do postulante* 1. Abertura das portas.

I. Justificação do postulante 5. Entrada na sala subterrânea: o postulante proclamado Maakheru (Justificado).	*I. Justificação do postulante* 4. No Santo dos santos: Iniciação em Maat, o descenso ritual a Osíris.	*I. Justificação do postulante* 2. Privilégio de ver a fisionomia secreta do Mestre do Mistério (no Santo dos santos).	*I. Justificação do postulante* 2. Transmissão dos "segredos".	*I. Justificação do postulante* 2. Conhecimento de todos os "Mistérios".
II. Regeneração 6. Banho ritual na água do renascimento (a poça da Rã).	*II. Regeneração* 5. Descenso à Terra-Mãe. Passagem dos Portais infernais.	*II. Regeneração* 3. Cantos no templo; música sagrada do ritual do meio-dia.	*II. Regeneração* 3. Banho no Nun purificador.	*II. Regeneração* 3. Banho ritual no lago sagrado de Karnak.
III. Iluminação 7. Revelação osiríaca: visão do deus sobre seu leito fúnebre.	*III. Iluminação* 6. Entrada na cripta do Santo Sepulcro. 7. Transmutação Glorificação em Osíris; visão da nobre múmia sobre seu leito funerário.	*III. Iluminação* 4. Passagem pela escada que conduz à tumba osiríaca. Chegada à cripta. Visão do deus e de seu sudário.	*III. Iluminação* 4. Entrada no Lugar santo. Temor sagrado frente à Divindade.	*III. Iluminação* 4. Visão da estátua de Amon-Ra.
Depois da Iniciação 8. Sonho no templo.				*Depois da Iniciação* 5. Imposição do título de Segundo Profeta de Amon-Ra.

Capítulo 9

O percurso terrestre do morto: as etapas dos ritos funerários

Graças aos documentos herdados do Império Novo, temos uma ideia relativamente clara do itinerário seguido pelo morto, do falecimento à entrada na tumba. Embora o ritual funerário tenha evoluído com o tempo, podemos constatar uma continuidade prodigiosa nas etapas essenciais, do terceiro milênio à época greco-romana.

O luto durava cerca de setenta dias, sete semanas egípcias, período em que se situavam necessariamente os ritos do "embalsamamento e da abertura da boca". A duração não é arbitrária, mas se baseia numa realidade astronômica já conhecida no Antigo Império: corresponde ao tempo que a estrela Sírio fica oculta durante o ciclo anual. A estrela Sírio era considerada a luminária do Céu por excelência, o Olho de Deus Anúbis, aquele que abria os caminhos do além. Anúbis não era apenas o Senhor do embalsamamento: era também o guia luminoso da alma nas rotas misteriosas e sombrias do além.

Sírio, com seu nascimento helíaco em meados de julho, anunciava a cheia do Nilo [ver páginas em cores, IMAGEM LVIII], o retorno do ciclo da fecundidade: enfim, a renovação do mundo. Peça mestra do Calendário egípcio, suas andanças no Céu se converteram no símbolo da atividade da alma nas pradarias celestes. Sua ausência no Céu noturno inquietava a alma egípcia (coincidia, com efeito, com a época da seca). Esse período foi associado a um momento crítico, quando a ordem do mundo estava ameaçada de decomposição. Por analogia, o momento da morte e os setenta dias que o sucediam foram interpretados pelos egípcios como um momento crítico, em que a alma se "oculta" forçosamente e se encontra entre duas margens, a dos vivos e a dos mortos.

Os egípcios acreditavam que, imediatamente depois da síncope da morte, a alma passava por um período delicado em que corria o risco de dissolução se não fosse despertada para seu novo destino. O choque da morte ameaçava separar os diferentes componentes do indivíduo, impedindo a identidade do morto de "metamorfosear" seu coração em um Ser de Luz Justificado. Por isso, a primeira preocupação era garantir a integridade do defunto e assimilá-lo a Osíris como Ser total.

Magicamente, a mumificação era uma forma de construir na Terra uma imagem do corpo de glória ou de Luz em que deve se transformar a alma do defunto. Era uma forma de ajudá-lo e incentivá-lo a recuperar sua unidade diante das forças dispersantes da morte.

Os setenta dias simbolizavam esse período transitório, infinitamente perigoso para a consciência. A alma, por ter deixado o corpo, ficava à mercê dos poderes tenebrosos e esperava seu novo lugar de residência, a múmia-tumba. A família próxima do morto sofria e tinha medo, não da morte, mas de que o morto retornasse em espírito e a perturbasse.

A partir da dinastia XVIII, apareceu o "cortejo de carpideiras" que, por sua tristeza, enfatizava o aspecto dramático da transição. Por outro lado, para enfatizar que "o sopro da vida escapava da Terra" e que o equilíbrio do mundo estava debilitado, os alimentos eram estritamente limitados. A comida era muito frugal, quase um jejum: só eram permitidos os vegetais. Para a família do morto, o tempo parecia parar. Toda sua vida se tornava lenta, como se a seca tivesse acabado de chegar.

Seth, o irmão inimigo de Osíris, ameaçava os mortos e os vivos. O rito do "embalsamamento" ocorria durante esse período crítico. Tinha que garantir a passagem da alma para seu último destino, mas também a separação entre o morto e os vivos [ver páginas em cores, IMAGEM LIX]. Cada falecimento punha os vivos na perspectiva de um retorno às origens da Criação, o único modo de reencontrar o equilíbrio e a ordem universal, desestabilizada justamente pelo falecimento. Os setenta dias eram um período de purificação, tanto para os vivos quanto para os mortos. Uns e outros se preparavam para a emergência de uma nova ordem do Universo.

Por sua complexidade, as cerimônias fúnebres do Antigo Egito ilustram a realidade de uma verdadeira participação dos homens, vivos ou mortos, na manutenção e na estabilidade do mundo.

Uma vez prevenidos os sacerdotes funerários da margem esquerda do Nilo (oeste), o cadáver era levado à margem do rio, no lado dos vivos (leste). Os sacerdotes o faziam atravessar o Nilo no sentido do percurso solar. A travessia das águas nesse sentido evocava o próprio sentido da vida do defunto e a resumia uma última vez: do nascimento ao poente, à imagem do Astro rei, seguia para se unir às entranhas do mundo subterrâneo.

Na beira do embarcadouro da margem oeste, ficava a tenda da Purificação, onde se realizavam as longas cerimônias que conduziam o morto à imortalidade. A tenda da Purificação, de origem proto-histórica, tinha a forma simbólica de um "T": trata-se, sem dúvida, de uma identificação do hieróglifo "hotep", a mesa de oferenda. O morto, constituído em sacrifício depois do rito da mumificação, se oferecia como vítima para alcançar seu destino celeste.

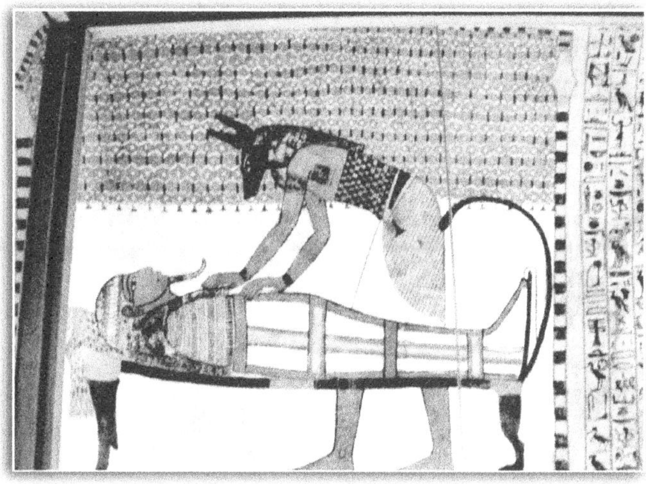

Em épocas primitivas, o conjunto de operações funerárias acontecia sob essa tenda mágica trançada com esteiras. Depois, a cerimônia final de "abertura da boca" passou a ser realizada diante da tumba.

A MUMIFICAÇÃO

1. Na tenda de Purificação, o cadáver era primeiro lavado com água e, em seguida, purificado em natrão, antigo rito solar que garantia a faculdade de renascer.
2. Em seguida, o corpo vestido era apresentado à família e levado para o embalsamador, que lhe extraía as vísceras e o dessecava em sais de natrão.
3. Uma vez mumificado, o defunto retornava uma segunda vez à tenda de Purificação, para realizar o rito da "abertura da boca". Esse ritual, provavelmente de origem pré-histórica, tinha relação com os ritos de Iniciação da corporação de artistas escultores, encarregados de insuflar o espírito nas estátuas que criavam.

4. Depois de ter recuperado o uso de seus meios, o morto era conduzido à sua tumba, acompanhado de um cortejo fúnebre. A tumba era selada, os vivos encerravam o período de luto ao entardecer do

septuagésimo dia, com uma refeição de tipo "dionisíaca", enquanto o morto ingressava no além, ajudado pelos textos-imagens inscritos na tumba.

Por um lado, as quatro etapas do itinerário fúnebre sobre a Terra – purificação, mumificação, "abertura da boca" e "festa da renovação do mundo" – tinham por função restabelecer a ordem no mundo dos vivos. Por outro, forneciam o viático mágico, que facilitaria o percurso do morto no além, graças à reconstituição de uma nova personalidade.

De acordo com seu pensamento mágico, os egípcios acreditavam na correspondência analógica entre os mundos celeste e terrestre. O Egito celeste era considerado o espelho do Egito terrestre? Sim, e pode-se afirmar que todo acontecimento terrestre repercute no Céu e vice-versa. O Egito celeste e o Egito terrestre são duas margens, ao mesmo tempo separadas e unidas pelo Nilo celeste, que formam um só e único país. O exílio, que impedia o defunto de ser enterrado em terra egípcia, podendo assim alcançar o Egito celeste, era visto como o castigo maior, pior ainda do que a pena capital. O Egito terrestre era a margem ocidental do Egito cósmico, a porta de saída em direção à Eternidade.

Os ritos funerários não visavam apenas tornar o cadáver eterno. Os sacerdotes-magos usavam a múmia como um corpo substituto que simbolizava a alma. Se o corpo de carne alcançava a eternidade na Terra graças à mumificação, a alma assegurava por analogia sua eternidade no Céu, já que todos os planos da existência estavam unidos. A sobrevivência ritual do corpo, que era convertido em estátua viva, na imagem de um corpo glorioso ressuscitado, outorgava à alma todas as facilidades para alcançar aqui embaixo a eternidade celeste.

Mas nem por isso o resultado era "automático". "O homem propõe e Deus dispõe." O ritual funerário era considerado um viático apenas para a alma pura: a pureza era uma exigência para que a alma pudesse falar com os deuses em condições de igualdade – e assim se incorporar definitivamente à sua natureza divina. Todos os textos funerários mencionavam os obstáculos e riscos encontrados no percurso pelo além e recomendavam uma preparação, ou seja, uma Iniciação da alma para alcançar seu objetivo final.

As quatro etapas funerárias sobre a Terra prefiguravam ritualmente, e de maneira analógica, o percurso da alma pelo além. Textos e rituais apresentavam sempre percursos ideais, onde o fracasso não era ignorado mas também não podia acontecer, dada a natureza eminentemente profilática e mágica desses textos. Para o pensamento mágico, o fato de pensar no fracasso conduz ao fracasso, o que implicava tomar todas as precauções necessárias para afastar as dificuldades que o morto poderia ter.

Esses textos, que relatam situações encontradas pelo morto no além, jamais devem ser considerados como relatos verídicos. Com o tempo e com o aumento da superstição, atribuiu-se a tais textos e ritos um valor resolutivo que não levava em conta as qualidades morais ou espirituais do defunto. Esta decadência apareceu no Império Médio, quando os notáveis se apropriaram dos textos e rituais do alto clero, que foram depois usados pelo povo.

Assim, a letra tomou aos poucos o lugar do espírito – e instalou-se a convicção de que o simples fato de possuir um passaporte para o além, tal como atesta o *Livro dos mortos*, e de realizar a mumificação, garantia inexoravelmente a salvação e a liberação.

O EMBALSAMAMENTO

Graças à tradução do Papiro Nº 3 de Boulag (Museu do Cairo) e do Nº 5.118 da Coleção do Louvre, de proveniência tebana, podemos compreender totalmente o desenrolar cronológico desses ritos.

O lugar da mumificação era denominado "Uabet ou lugar puro", que consistia em uma sala ao abrigo dos olhares, "Per Neter ou Casa de Regeneração", onde estava instalada a cama cerimonial de mumificação em forma de leão [ver páginas em cores, IMAGEM LX]. O leão, animal solar do deserto (lugar associado à necrópole), era o mais apropriado para simbolizar as operações de regeneração ou de revitalização, obtidas nos ritos de mumificação.

O Mestre de Cerimônias da Casa de Regeneração era o sacerdote do deus Anúbis, "superior dos Mistérios": ao embalsamar Osíris para assegurar sua ressurreição no além, Anúbis tinha transmitido aos humanos, através da deusa Ísis, o mistério da regeneração dos corpos.

O praticante que representava o "chanceler divino" era um sacerdote de Osíris, vestido como Hórus. Assim, ele assumia o papel de filho sucessor do pai e preservava os ritos funerários. O sacerdote-Hórus era ajudado, como nas recitações dos Mistérios, por quatro companheiros identificados com os quatro filhos de Hórus, Senhores dos quatro elementos e dos quatro pontos cardeais.

Assim, o mistério da regeneração no além era representado por sete personagens principais: o sacerdote de Anúbis, o sacerdote de Osíris vestido como Hórus, os quatro companheiros e o próprio morto. O morto, o sétimo personagem, simbolizava o Centro e a totalidade das direções. Desse modo, o lugar da regeneração era concebido à imagem vital do mundo.

A técnica da mumificação evoluiu paralelamente a uma crença cada vez mais difundida, segundo a qual só a múmia acompanhada de seus livros e fórmulas podia garantir a salvação da alma. Assim, constatamos que as fórmulas rudimentares empregadas no princípio da época faraônica foram aperfeiçoadas e se aperfeiçoaram ainda mais até a dinastia XVIII, ou seja, até o começo do Império Novo, quando assumiram uma forma mais definitiva, que perdurou até a época romana.

É evidente que, durante as primeiras dinastias, os cuidados e preocupações visavam, mais do que a mumificação do corpo, a construção da tumba-espelho do Céu, trampolim da alma para seu destino celeste. A partir do Império Médio, à medida que a visão funerária se impregnava da religião de Osíris, o interesse pela mumificação foi se acentuando. O corpo do morto e depois o próprio morto passaram a se identificar então com a imagem do deus Osíris, o primeiro mumificado.

Durante as primeiras dinastias, a mumificação consistia basicamente em enfaixar os pedaços do velho corpo, que tinha sido ritualmente desmembrado e seco. No final do Antigo Império, para garantir a incorruptibilidade do corpo, extraiam-se as vísceras por meio de uma incisão ritual no lado esquerdo do abdômen (o leste do corpo). Estas (fígado, baço, pulmões, intestinos, estômago) passaram a ser depositadas, a partir da dinastia XVIII, em quatro vasos separados, chamados "vasos canopeus" [ver páginas em cores, IMAGEM LXI], cada um deles posto sob a proteção de um filho de Hórus. A importância ritual e profilática dessas vísceras simbolizava a linfa sagrada: a fonte de regeneração e de reconstituição da nova personalidade.

Para a magia, uma força nefasta dominada se transforma no melhor antídoto para vencer os perigos que encarna. Os líquidos linfáticos e as vísceras eram, por sua textura úmida, causa de corrupção e putrefação. Mas, uma vez separados e secos nas resinas, tornavam-se cálices de renovação e verdadeiras placentas protetoras do novo embrião do além.

Associando as vísceras às águas primordiais, aos gênios dos quatro elementos [ver páginas em cores, IMAGEM LXII] e aos pontos cardeais, a teologia funerária enfatizava sua função de "vaso de reconstituição do embrião no além". Isso explica por que são encontradas vísceras nas tumbas, ao lado das múmias do embrião humano ou animal.

O corpo purificado, depilado e eviscerado era entregue ao "salgador", que o depositava rapidamente em um leito de natrão seco, cobrindo-o totalmente para desidratá-lo. As bolas de natrão eram uma oferenda solar dos sacerdotes de Heliópolis. Suas virtudes secantes lembravam a ação do Sol sobre a Terra. Graças ao natrão, que dessecava e queimava o corpo, o cadáver era "solarizado". Depois, era lavado e untado com azeite e gordura, perfumado e preenchido com resinas e tecidos. Além disso, o corpo recebia amuletos e recobrava a aparência e a suavidade do ser vivo.

Depois de ser lavado uma última vez, o morto era revestido de um adorno, antes da bandagem. Era envolto num sudário de linho amarelo-açafrão ou vermelho: o amarelo-açafrão representava a cor solar e o vermelho representava o Céu do ocaso, ou a vestimenta de Ísis.

A bandagem era feita com uma peça de linho que servia de faixa. Seguia um movimento circular da direita para a esquerda ou, de acordo com a simbologia egípcia dos pontos cardeais, na direção do Leste. Entre as camadas de faixas, eram colocados "olhos falsos" e amuletos diversos, de pedras preciosas, ouro ou cerâmica. Outro detalhe importante era pôr no anular esquerdo um anel de ouro, símbolo da pureza, que às vezes, como uma espécie de selo, exibia um escaravelho, símbolo da Ressurreição à luz da alvorada.

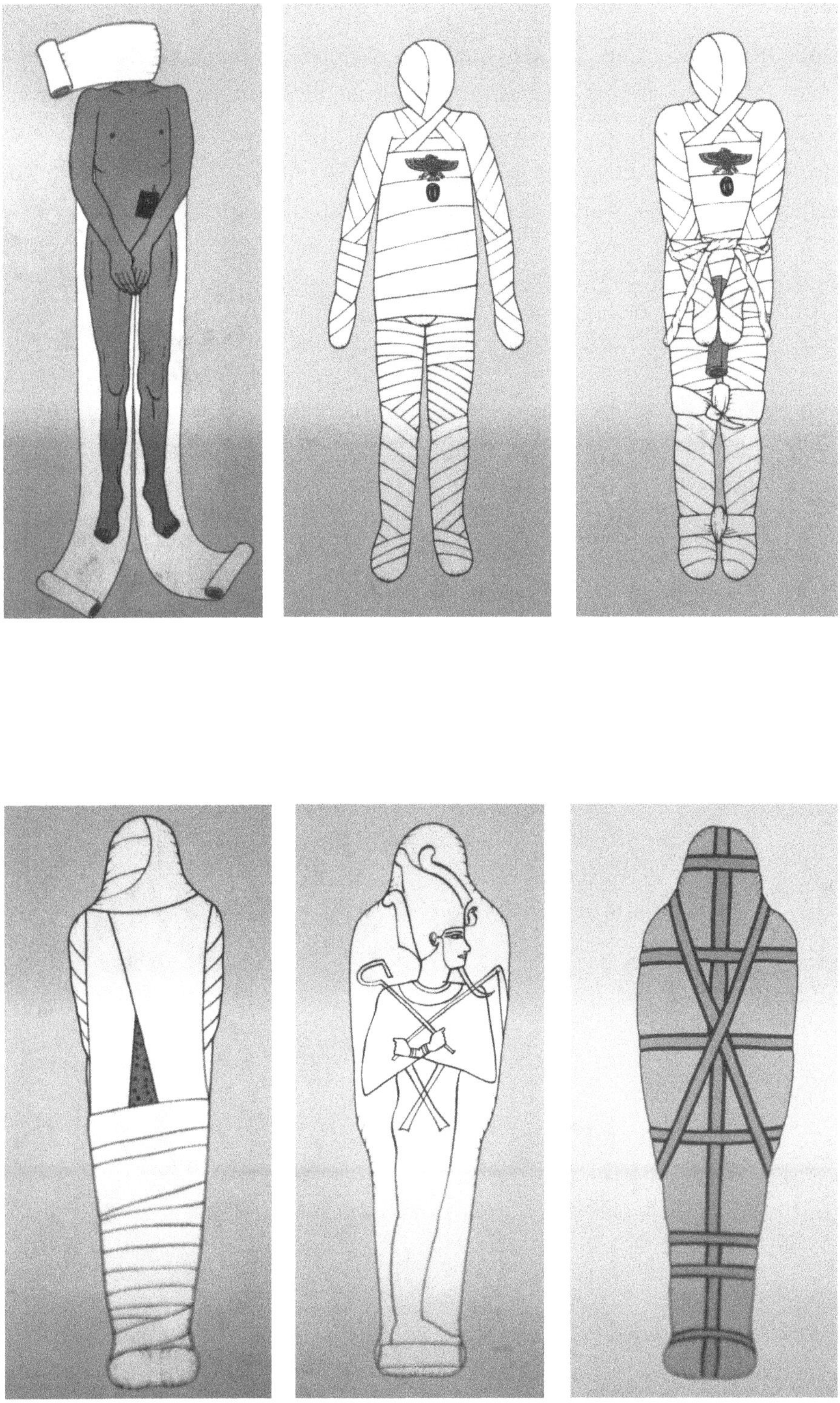

Assim arrumada, a múmia era enfaixada com uma rede de pérolas azuis ("a rede do Céu"), que formava uma espécie de camiseta. No pescoço, colocava-se um amplo colar peitoral, feito de pérolas e pendentes que simbolizavam a Justificação do morto. No final, ajustava-se a máscara funerária, feita em cartonagem e pintada de acordo com a imagem do morto, sempre jovem e com uma expressão plácida. O rosto das máscaras funerárias egípcias refletia a atitude calma e rejuvenescida diante da morte: nenhum sofrimento aparecia em seu olhar.

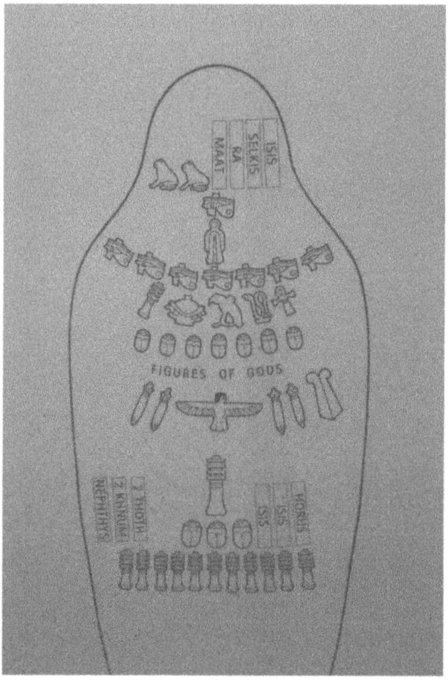

Na arte egípcia, as cenas da vida cotidiana representadas nas tumbas eram sempre "fora do tempo": evitava-se a representação do alvorecer ou do ocaso do Sol, que poderia indicar o momento do dia em que estavam acontecendo. A iluminação das cenas nunca vem do exterior, mas de uma Luz interna sempre presente e que as torna atemporais.

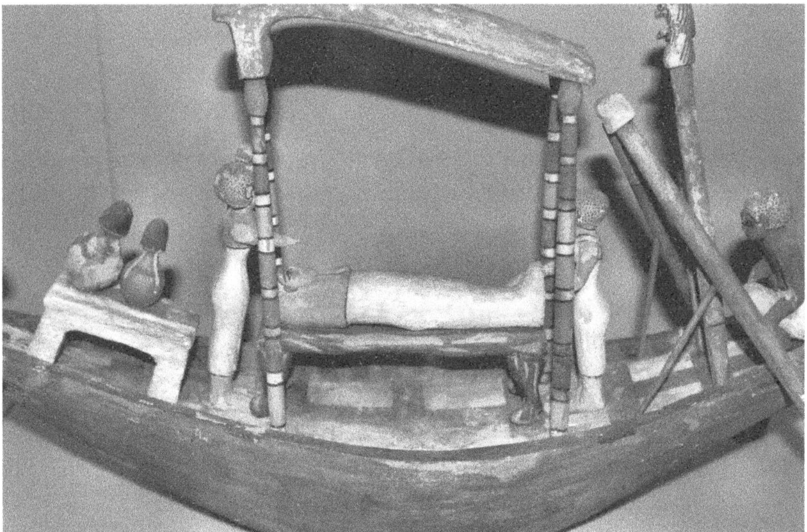

Depois disso, a múmia era devolvida à família e a cerimônia de "abertura da boca" podia começar. O corpo perecível tinha se transformado numa estátua eterna e conservava apenas uma relação longínqua com o corpo material que tinha servido de morada temporal para o defunto. O corpo mumificado era um novo corpo, uma "imagem de substituição" que, uma vez animado pelos ritos de "abertura da boca", permitia o contato dos vivos com os mortos e vice-versa.

Mais tarde, na Época Baixa, identificou-se o papel da imagem de substituição com o próprio morto. Tudo se inclinou para uma visão materialista da outra vida. Assim, pelo menos nas crenças populares, justificava-se o aumento dos cuidados prestados à mumificação em detrimento do papel da tumba e da vida passada na Terra. Essa mudança explica, para o leitor desavisado, a impressão deixada por certas passagens do *Livro dos mortos*, de que a simples leitura das fórmulas pode assegurar a salvação eterna da alma, a despeito de suas ações terrestres.

OS RITOS DE "ABERTURA DA BOCA"

Segundo as tradições da época das Pirâmides, esses ritos eram exclusivos das corporações de artesãos escultores associados ao deus de Mênfis, Ptah-Sokar, considerado seu protetor e criador do fogo mental. Nessa imagem, vemos Seti I em adoração diante da capela de Ptah.

Quando a religião de Osíris se apropriou dos ritos da necrópole, as práticas dos servidores do deus subterrâneo, Ptah, foram associadas aos cultos funerários. O universo "chtoniano", comum aos deuses Ptah e Osíris, facilitou sua aproximação. Assim, no Império Novo, vemos o surgimento de uma forma sincrética da Divindade Ptah-Sokar-Osíris, com a qual se identificava o próprio morto.

Esses ritos de "abertura da boca" tinham como objetivo inicial celebrar a conclusão feliz de uma estátua real ou divina, animá-la através de passes mágicos, vesti-la e conduzi-la solenemente à sua capela. Os egípcios não rezavam para as estátuas, mas para o espírito que as animava, sem o qual a estátua não tinha qualquer valor. Ao contrário do escultor grego, o egípcio não buscava apenas a estética, mas uma forma canônica capaz de ser a morada de um espírito, de um Ba divino. Outros ritos, como o da união anual com o Disco, sobre os terraços dos templos, revelam o ressurgimento cíclico das estátuas divinas: graças aos ritos de solarização, a alma-Ba do deus descia sobre a Terra e animava a estátua do templo.

Por meio da mumificação, o corpo material perecível se transformava numa uma imagem divina, que ficava viva graças ao rito de animação, ou de "abertura da boca". A alma consciente do morto cessava então de vagar no inframundo e podia fazer por fim sua viagem pelo além, já que tinha um suporte mágico (a múmia-tumba). Assim, deixava definitivamente os vivos.

Durante os ritos de animação da estátua, animava-se também o escaravelho-coração colocado sobre o peito do morto, protegido pelos quatro filhos de Hórus. O escaravelho-coração representava de forma simbólica os meios que a alma tinha para sair para a luz do dia. O coração (Ab) era considerado a sede da consciência individual (Ba) que, através dos ritos de "abertura da boca", reencontrava seus meios intelectuais: a memória e a imaginação. Graças à reativação dessas duas funções, o morto podia compor sua nova personalidade.

Segundo os ritos funerários, a ativação das funções do coração visava à recuperação das funções dos órgãos, não no sentido físico, mas no sentido psíquico. Isso permitia a reconstrução da nova personalidade no além. A natureza sutil da nova personalidade permitia a liberação dos limites das formas materiais e autorizava todo tipo de metamorfose.

A fusão dos ritos mágicos – de animação das estátuas e do cerimonial funerário de mumificação – se produzia em seguida. A múmia era denominada "estátua viva do morto", "morada do Ka" e também "ponto de partida de Ba para o além". Às vezes, isso criava confusões nos textos entre a estátua e a múmia. "A execução da abertura da boca é parecida em muitos pontos com os Mistérios da Idade Média europeia. Permanecerá como o núcleo dos rituais complexos" (Morenz, S., *La religiòn égiptiènne,* Payot, Paris, 1984).

Desde os Textos das Pirâmides, o livreto sobre a animação das estátuas tendia a ser escrito num contexto religioso. Pouco a pouco, foi integrado ao conjunto de fórmulas destinadas a outorgar novamente ao Rei morto a faculdade de participar das oferendas (nutrir seu Ka). Durante o Primeiro Período Intermediário, a popularização dos ritos permitiu o acesso a um número maior de pessoas. "O mito osiríaco faz sua aparição e se referirá, daí em diante, ao que foi feito a Osíris, com o fim de justificar a introdução definitiva (no Novo Império) das imitações profanas na liturgia" (Goyon, J. Ch., *Rituels funèraires de l'ancienne Egypte,* Cerf, Paris, 1972).

O ritual era apresentado sob a forma de um livro de figuras com legendas explicativas, em que as vinhetas e legendas corriam ao longo das paredes descendentes da tumba, com o objetivo de enfatizar o valor do rito de "passagem de uma margem à outra", que realizava a animação da estátua divina: o ritual terminava com a colocação da múmia na câmara funerária, ou sala ocidental da tumba.

Havia nos templos uma sala de animação das estátuas denominada "Hout-Noub ou Castelo de Ouro" e também "Morada da carne divina": o ouro simbolizava a carne dos deuses, a Luz solar condensada. Mais tarde, o vocábulo se estendeu às margens funerárias e, com o tempo, o rito passou a ter lugar na capela funerária, sobre o sarcófago interno ou diretamente sobre a múmia.

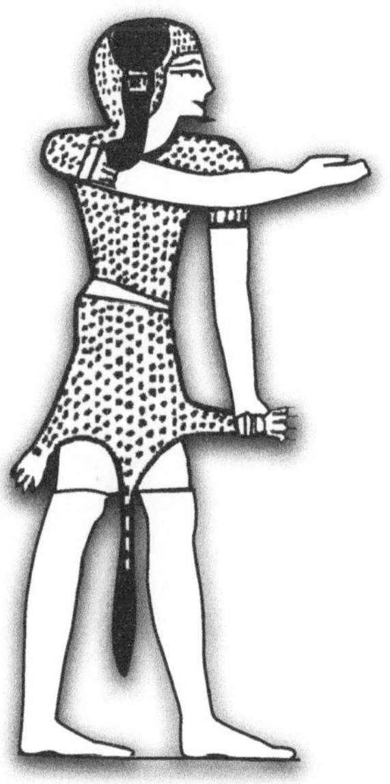

Sacerdote Sem envolto numa pele de leopardo. Ele usa uma trança, como se fosse o filho do defunto. Durante os ritos de "abertura da boca", o sacerdote Sem se apoderava da pele com que se havia vestido, com o objetivo de ajudar no processo de desencarnação da alma do defunto.

Os oficiantes eram sacerdotes ou artesãos. O papel principal era atribuído ao sacerdote Sem ou Setem, ataviado com uma pele de pantera. No Novo Império, o sacerdote Sem substituiu o sacerdote do Antigo Império, que se cobria inteiramente com uma pele de vaca chamada "tehenu". O uso dessa pele tinha um significado muito importante, como veremos mais adiante. Recordemos que uma das imagens do Céu-Mãe é a da Vaca Cósmica (dela nasceram todos os deuses). Sair dessa pele ou atravessá-la implicava um nascimento divino ou um ato de regeneração.

Anúbis, o deus embalsamador, recebia em sacrifício a "nébride", por ser o "Senhor da pele". O papel do sacerdote Sem era essencial: representava o filho sucessor do morto convertido em Osíris. Com efeito, agia em nome de Hórus, encarnando a função ativa dinâmica. Nos ritos funerários, o morto encarnava as funções passivas: eram os ritos dos vivos que exerciam a função horusiana, os que favoreciam a regeneração.

Mas o sacerdote Sem não era ativo apenas no mundo vivo e observável. Quando a estátua-múmia já estava purificada e pronta para a animação, ele se instalava diante dela, inteiramente coberto pela sua pele e, de cócoras, simulava um sonho cataléptico. Seu espírito voava então no invisível para trazer sobre a múmia o espírito extraviado do morto. O sacerdote Sem operava como os xamãs médicos que viajam nas esferas do além para trazer o espírito a seus pacientes.

Quando o sacerdote Sem voltava da viagem celeste, considerava-se que conseguira encontrar a alma do morto e reintegrá-la à sua múmia. O defunto podia então desfrutar das oferendas. Tinha lugar a matança ritual. O Ka podia se alimentar novamente e ativar com sua vitalidade as funções internas da personalidade humana. A primeira parte do ritual terminava com um simulacro da recuperação das funções naturais: respiração, visão etc.

A segunda parte do ritual era uma recordação do cerimonial antigo de vestir um personagem real ou divino. Maquilado, o rosto do morto era "revivificado". Eram-lhe colocadas as insígnias do Poder, ato seguido de aspersões e de fumigações. Cantos e litanias explicavam ao morto que ele nada

tinha a temer e que seu destino celeste, esquematizado sobre as paredes da tumba, se abria à sua frente.

O ofício terminava quando se estimava que o defunto já tivesse consumido através do Ka a essência das oferendas. Os sacerdotes cerimoniais se retiravam, apagando os rastros de seus passos. Restituíam assim uma tumba virgem, "sem manchas", tal como o Universo no amanhecer da Criação. O morto era o possuidor de uma imagem-réplica do Universo. Reinava sobre ela como o Demiurgo sobre a Criação. Essa ascensão ao trono do mundo era expressa através de salmodias e cantos de louvor do cortejo funerário ao criador Ra-Harakte.

Deixando seu morto para trás, os vivos festejavam o retorno da "ordem do mundo" com uma refeição orgíaca, que anunciava o advento da fecundidade sobre a Terra e o fim de um período de luto. Ao término do ciclo de setenta dias, o equilíbrio do mundo se restabelecia.

Capítulo 10

As origens arcaicas dos mistérios da Ressurreição

Se a doutrina osiríaca da Ressurreição vegetante está contida no *Livro dos mortos*, há também indícios do rito da Ressurreição que provém provavelmente dos caçadores e que Moret chama de "ressurreição animal".

A "estela 15C" do Louvre [ver páginas em cores, IMAGEM LXIII a, b, c], que data da dinastia XI, estudada por Drioton e Moret, fornece uma informação importante sobre esse tema:

"No começo da cena, vemos chegar dois personagens que trazem sobre a cabeça uma travessa sobre a qual se põe o animal que será sacrificado (nos tempos das primeiras dinastias, sacrificava-se seres humanos). Um pouco antes da execução, o animal era cuidadosamente esfolado e o futuro iniciado era colocado dentro da pele, que simboliza o ventre da mãe que contém o feto até a hora do nascimento. Essa etapa do rito constitui a chamada 'passagem na pele', ou 'meska' para os egípcios. Trata-se de uma representação do 'segundo nascimento' daquele que deseja ser iniciado e caiu, dadas as circunstâncias, num sonho letárgico, sempre com o objetivo de colocá-lo em uma situação análoga à da criança que se encontra ainda no estado pré-natal.

"Vale a pena notar que o mesmo rito (meska) era realizado pelo sacerdote Sem em benefício do defunto, durante os ritos funerários: em posição fetal dentro da pele do animal (geralmente a de um leopardo), o Sem caía em um sonho mágico com o fim de chamar à vida o Ka do morto.

"Mas a meska tinha também outro significado: evocava o renascimento de Osíris, modelo por excelência dos que 'tinham vencido a morte'. De acordo com os cânones da magia iniciática, o candidato à Iniciação devia se

ajustar a esse exemplo com o objetivo de renascer para uma nova vida, assumindo pessoalmente as vicissitudes dramáticas da paixão mística do deus Osíris.

"Prosseguindo com o exame da estela do museu do Louvre, vemos o futuro iniciado cingido com uma Coroa Vermelha, emblema do Baixo Egito. Em seguida, um servidor o carrega em seus ombros.

"A cena seguinte representa Ísis e Néftis velando o corpo mumificado de Osíris, pousado no leito fúnebre: as duas deusas executam passes mágicos sobre o defunto.

"Mais atrás, podemos apreciar a reconstrução do corpo de Osíris, que dois servidores sustêm, enquanto se ergue entre duas cruzes ansatas (ankh), símbolos da vida, postas sobre uma espécie de pedestal.

"Dois mímicos, com penteados ornamentados por garras ou nós, executam passos de dança atrás de um pilar mágico, em que o animal sacrificado foi içado. A 'passagem na pele' ocorreu numa barca sagrada com forma de dragão, em cuja popa se ergue o Ureus, Deser-Ten, a Cobra divina, protetora do faraó.

"Uma cabeça com traços viris, adornada com o Ureus, repousa sobre uma bandeja que um servo de joelhos sustém. Um segundo servo segura

uma espécie de trípode, sobre a qual está o futuro iniciado, o Tikenu, envolto na pele do animal oferecido em sacrifício.

O Tikenu, deitado sob a pele, é levado à necrópole em um trenó.

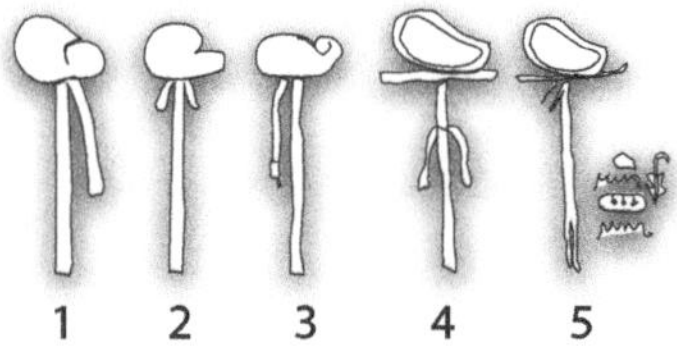

Diferentes representações do símbolo do Tikenu sob a pele, e sua analogia com a posição do feto durante a gravidez.

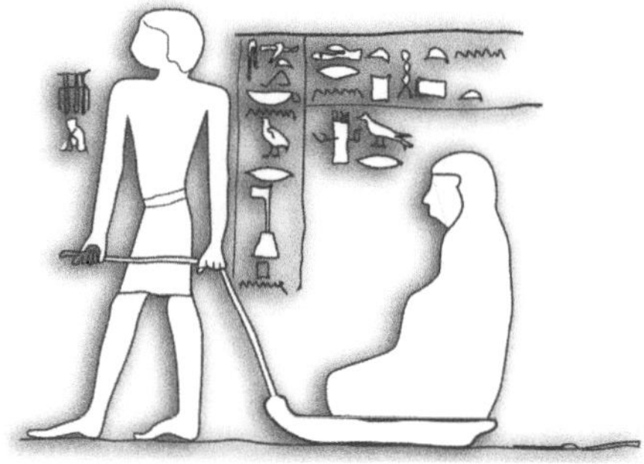

O Tikenu sai coberto pela pele do Naos e é conduzido à necrópole.

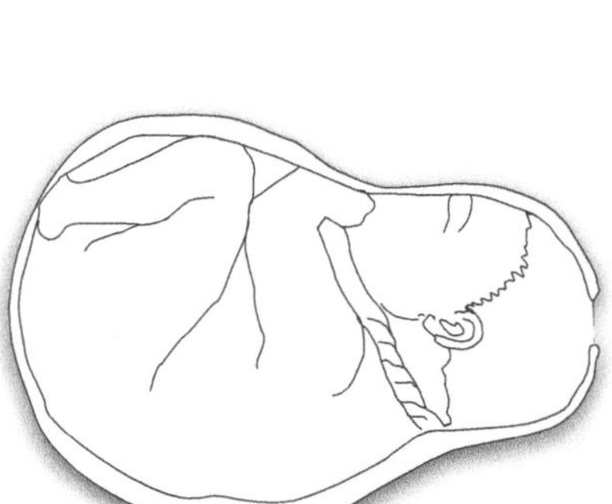

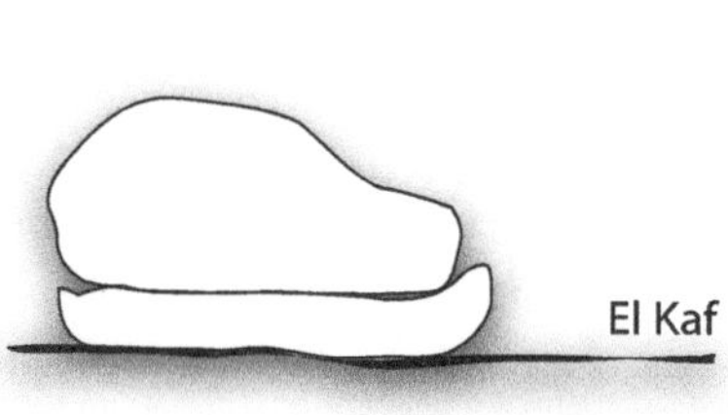

Aspecto do feto durante a gravidez.

“Nesse momento, começa a última fase da meska: vemos, imediatamente depois, o pilar de sacrifícios em cujo topo repousa a pele, agora vazia, enquanto, mais atrás, emoldurado por dois sacerdotes, aquele que agora é um iniciado aparece sob a forma de um jovem, para simbolizar seu novo nascimento.

"O Tikenu é posto agora no meio da cena inteira. Durante a primeira parte da cerimônia, todos os personagens que figuravam no baixo-relevo estão voltados para a direita, ou seja, para o ponto central do rito iniciático. Durante a última fase, voltam-se na direção do Tikenu, formando um cortejo mágico.

"À frente deste vem um jovem que leva, sobre uma espécie de trípode, uma estatueta que representa Anúbis, o deus com cabeça de chacal, que não era apenas o protetor dos ritos da mumificação, mas também da 'passagem na pele'. Outros jovens o seguem: levam pilares, insígnias e diversos símbolos divinos. Ao final do cortejo, três deuses com cabeça de falcão, ajoelhados sobre uma espécie de escudo levado por quatro jovens, expressam a alegria que sentem todos os que assistem à manifestação no momento em que ela chega ao fim" (Cantu, G., *La civilisation des pharaons,* De Vecchi, Paris, 1974).

OS RITOS SECRETOS: OS MISTÉRIOS DA PELE-BERÇO

Anúbis foi o primeiro a revelar aos deuses e aos homens o modo de renascer, que os textos rituais definiam nestes termos: "Passagem pura sobre a pele-berço por conta de Osíris".

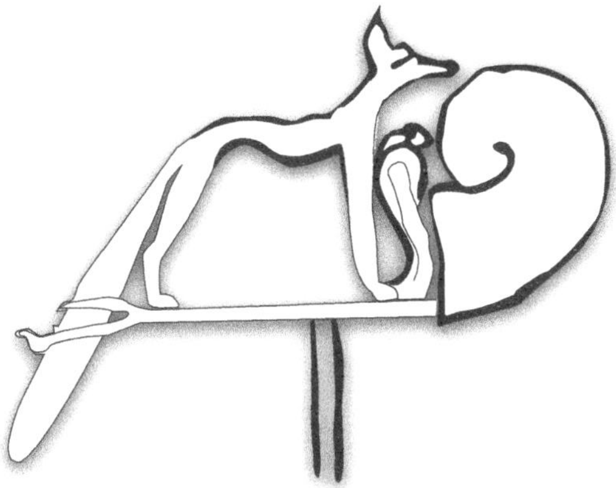

Os mistérios do renascimento por meio da pele-berço parecem ser anteriores à religião agrícola de Osíris: derivaram talvez do culto da religião estelar dos primeiros tempos, em que Anúbis – associado à estrela Sírio – conduzia as almas até seu destino estelar.

Anúbis é o primeiro Ser que passou pela pele, ou seja, pela porta do Céu, como Sírio que anuncia o dia da renovação, o dia do ano novo. Esse evento, que se dá em meados de julho, com a aparição de Sírio na alvorada, precedia em sua trajetória o Sol do novo ano. No Egito faraônico, essa situação astronômica indicava o advento de um novo ciclo, que se confirmava sobre a terra com a cheia do Nilo. Essa cheia erradicava a seca, atribuída à ação de Seth, e garantia um novo ciclo de fecundidade e de renascimento.

As forças que ameaçavam a Criação eram vencidas momentaneamente no Céu e sobre a Terra, graças à conjunção do Sol com Sírio na alvorada, assim como à cheia do rio. As águas revitalizavam a velha pele ressecada da Terra e um mundo purificado surgia depois da cheia, tal como aconteceu pela primeira vez nas origens da Criação: quando, do Nun, emergiu o primeiro túmulo.

O rito da pele-berço nos remete à ideia da primeira vítima, do primeiro "autossacrificado", aquele que se "autoimola" para que a Criação se produza: Atum, o autocriado, o deus ancião, o primeiro Ser vivo saído do Nada. Osíris herda a função da vítima cósmica e humana. Anúbis, sob a forma de Upuaut, o abridor dos caminhos (que, com suas garras, arranca o saco amniótico e faz a primeira incisão que abre o cadáver do falecido para a mumificação), era associado a este nos tempos arcaicos (ver páginas em cores, IMAGEM LXIV].

Nos ritos de animação das estátuas, o sacerdote Tikenu (que já foi iniciado) se cobre com pele, simulando regressar à posição fetal. Com esse gesto, regressa às condições germinais, fetais, antes do nascimento do mundo: a incorporação na pele nos leva às origens do mundo. A pele como insígnia, shedsched, está associada ao deus Anúbis, que vela a placenta divina Khen, que em egípcio significa "pele, bolsa, couro". O Khen parece ser a placenta que contém o feto divino de Konsu. Nos ritos egípcios, deitar sobre a pele equivale a regressar à matriz; "sair da pele" é emergir para uma nova vida. "Teti sai para o Céu sobre shedsched" (Texto das Pirâmides). "Pepi I é este Olho de Ra, está deitado (Sder-Tu): é concebido, é iluminado a cada dia" (Sethe, K., *Die altägyptischen pyramidentexte*, J. C. Hinrichs' sche Buchhandlung, Leipzig, 1908).

No Texto das Pirâmides, a Ressurreição é chamada de "despertar, despertar-se". "Te deitas e te despertas, morres e vives" (Pirâmide de Pepi II, I, 760).

Deitar-se sobre a pele simboliza a morte. O vivente que se deita sobre a pele simula a morte por meio do sonho letárgico, como o sacerdote Tikenu por ocasião da cerimônia de animação das estátuas. Por meio do transe do "sonho desperto", o Tikenu transportava-se para outras dimensões da existência, onde se regenerava e dialogava com os espíritos superiores dos quais se havia convertido em agente de comunicação, laço entre este mundo e o dos deuses. Dizia: "Traz novamente o espírito do defunto".

No Império Médio, Abidos era associada à "Cidade da pele esfolada". Na tumba de Rekmara, referindo-se à revivificação da estátua-múmia, aparece a seguinte inscrição: "Fazei vir à cidade da pele (Abidos). Eis aqui o Tikenu (sacerdote que oficia a revivificação do morto) deitado sob ela (a pele) na terra da transformação (Ta-Keprer)". Há referências precisas ao mistério da pele nos "Capítulos da transformação" por que passa o defunto, palavras que nos recordam o lugar da transformação: a pele-berço, "mesha" de Abidos.

O defunto sacrificou Seth, o adversário de seu pai (refere-se à imagem de Hórus vingando Osíris). "Vinde, deuses! Fazei os ritos de proteção no interior da vaca e conhecei em vossos corações o vosso senhor, que se encontra em seu ovo" (Laco, *Textes religieux, recueil XXVII*). Por sua vez, o defunto diz: "Deitei-me no lugar (ut) das peles divinas, mudado em presença da deusa Sechat. Eu sou aquele que passa na pele" (Laco, *op. cit., XXX*).

Essas técnicas lembram as do êxtase xamânico das Iniciações mágicas das sociedades de caçadores. A associação dos ritos da pele com o fundo arcaico das tradições dos caçadores é, de fato, muito provável. Com efeito, se

os ritos de Osíris são ritos de Ressurreição associados ao reino vegetal, os ritos anubianos são associados ao reino animal. O papel do sonho como imagem da "morte em vida" e a função da incubação nos ritos de passagem dos mistérios se esclarecem à luz do mistério da pele-berço.

Não devemos nos esquecer de que os três leitos funerários, sobre os quais Anúbis mumifica o corpo do defunto, representam a pele das três deusas-mães: hipopótamo, vaca e leoa. O cadáver passa sucessivamente por essas três peles para renascer em forma alegórica nos três mundos.

Durante a realização dos rituais anuais da "confirmação do Poder Real", estudados por Goyon, o faraó se estende sobre um leito funerário e permanece sobre a pele em estado letárgico, durante a noite que precede o dia do novo ano.

O signo "Mes", que simboliza a ideia de "nascer, iluminar", representa três pedaços de pele entrelaçados.

O simbolismo da pele

Os ritos da pele-berço, difundidos nas sociedades de caçadores, são de origem muito arcaica. "Possuir a pele de sua vítima" equivale a se apropriar da sua força. Os despojos apresentam virtudes regeneradoras. É uma segunda "pele protetora" para seu possuidor, um Ka, ou seja, um duplo protetor e nutridor.

Uma vez domadas, as forças inimigas se concentram na pele, envoltório de energias. O inimigo vencido se converte então em amigo protetor. Assim, a pele é um veículo da transfiguração. O uso da pele de animais sethianos (gazela, asno, pantera, javali) – pelo Rei, por ocasião do Jubileu ou pelo Sacerdote Sem na cerimônia de "abertura da boca" – se explica nesse contexto mágico.

O despojo de Seth vencido simboliza a vitória dos vivos sobre a morte. Para matar o animal sethiano, o vivente precisou "morrer" voluntariamente, precisou "matar a morte por meio de sua própria morte". A ameaça sethiana é derrotada e toda a força é recuperada pela antiga vítima, que se tornou "vencedora da morte".

O deus Seth nem sempre teve uma imagem negativa. Os Textos das Pirâmides nos indicam o papel positivo desse deus. "Para vislumbrar o papel do deus Seth na viagem do morto, recordemos primeiramente algumas noções básicas que diferenciam o Seth primitivo do gênio do mal, que não passa de um dos seus aspectos mais difundidos nas épocas tardias. Seth, filho primogênito de Nut, é o amo do Céu do Norte, encarregado da Ursa Maior. O morto tem por destino, precisamente, o Céu do Norte (na época das Pirâmides), para onde é conduzido por um passante que tem em geral a forma de um touro ou touro Nega, representação divina do próprio Seth. Ele carrega o defunto nas costas, sobre sua pele. O touro Nega é a vítima sacrificada no rito de 'abertura da boca' e sua pele serve de abrigo para o Tikenu" (Jacq, Ch., *Le voyage dans l'autre monde selon l'Egypte ancienne,* Du Rocher, Paris, 1986).

Seth é a personificação do Céu Norte, das tempestades no Mediterrâneo. É associado ao raio, ao relâmpago luminoso que excita os elementos. Seth, em seu caráter de deus da excitação dos elementos, possui todos os meios para revivificar os corpos tornados inertes ou adormecidos do defunto. Nos Textos das Pirâmides, o lampejo fulgurante, ou raio, era denominado "Seched", nome relacionado ao da pele, ao "raio do touro da Luz" (Sethe, K., *op. cit.*).

Essa relação entre o touro, a pele e o raio, todos eles símbolos de vitalidade e rapidez, contrasta com a fase de imobilidade e inércia pela qual passa o defunto no momento da síncope da morte. A pele atua como um látego que desperta, e daí a associação entre as palavras "despertar" e "ressurreição". A pele de Seth é o instrumento que permite o sobressalto, ou passagem da consciência do visível para a do invisível. "No começo, Seth era também protetor das viagens marítimas, assim como dos viajantes do deserto. Pode-se encontrar socorro em seu caráter de deus das Tempestades e dos Ventos violentos" (Jacq. Ch., *Le voyage dans..., op. cit.*).

Seth favorece a viagem do morto, especialmente por sua característica de escada: "Hórus e Seth tomam a mão do morto para guiá-lo" (Textos das Pirâmides, 390 A, B). "Saudações a ti, escada de Deus! Saudações a ti, escada de Seth! Que seja erguida a escada do Deus" (*Idem*, 971). "Concedeste a escada de Seth, pela qual este Rei sobe ao Céu" (*Idem*, 974-75).

"Hórus pegou Seth e o pôs abaixo de ti para que te levantes" (*Idem*, 581). "Hórus te levou a Seth e o pôs abaixo de ti em posição curva, já que tua força é maior do que a dele" (Barguet, P. *Textes des sarcophages ègyptiens du Moyen Empire,* Cerf, Paris, 1986).

Seth aparece como a verdadeira imagem da contradição: mata Osíris e o salva. É o agente da perturbação que desestabiliza os hábitos adquiridos. Como mata, pode fazer renascer. Tem o poder sobre a morte. É preciso lembrar que, no combate de Hórus contra Seth, a força deste último está nos testículos, ou seja, na força genésica, na capacidade de procriar. "Ó passante, traz-me Hórus por causa de seu Olho – agente da Criação mental –, traz-me Seth por causa de seus testículos – agente da Criação sobre a matéria" (Textos das Pirâmides).

A vingança de Hórus consiste em provar que os atos durante a vida foram Justificados diante do Tribunal dos deuses, o que lhe permitirá recuperar a força sethiana, "a única capaz de provocar a ascensão do morto". Assim, Seth afoga Osíris, submerge-o na morte e, ao mesmo tempo, converte-se na barca que o transporta sobre as águas. Se o morto não é julgado vitorioso, as forças sethianas o dominam sob a forma da deusa "Devoradora", que o arrasta aos infernos. O papel de salvador encarnado por Seth foi esquecido em benefício de Osíris e de Hórus, mas sua função de agente da Iniciação ou da passagem entre as duas margens foi preservada.

No mito de Osíris, a lembrança da pele-berço foi conservada na imagem do sarcófago oferecido por Seth a Osíris, adaptado com exatidão à sua estatura, como se fosse uma "segunda pele" que o transportaria ao mítico país do Norte (ver páginas em cores, IMAGEM LXV].

O afundamento do sarcófago que levava Osíris recorda-nos que a força sethiana vem das águas genésicas do Nun, onde ficam as forças regeneradoras que, no rito do batismo, transfiguram oficiantes e defuntos. A pele do animal sethiano contém todas as forças do renascimento, mas a única maneira de usá-las é libertá-las matando o animal, ou seja, domando-o em vida: daí o controle sobre os elementos durante as provas aqui e no além. "Introduzir-se na pele" equivale a se imiscuir nas fontes da vida. O Ser Justificado, ou Maakheru, é aquele que obteve alegoricamente a pele de Seth. Cada defunto Justificado é um novo Hórus, um falcão de Luz que venceu a morte nas próprias trevas.

"Então eu dizia a mim mesmo e aos membros do Tribunal no Castelo do Chefe dos ocidentais: 'Vejam! Vim, trouxe meu inimigo, afugentei sua família, tomei sua casa, afugentei seus sobreviventes. E os espíritos bem-aventurados se regozijaram e o coração de Osíris se encheu de júbilo ao ver que eu me transformava em falcão e caminhava sobre minhas pernas, sendo (ainda) um homem. Como sou verdadeiramente um homem-falcão [ver páginas em cores, IMAGEM LXVI], que fala durante a retirada de Osíris: falo em presença de Osíris como falei na Ilha do Ardor'. 'Quão glorioso é esse deus!', disse o Chefe dos ocidentais para mim. Vim agora, depois de ter-me queixado deste vil inimigo. Foi ordenado ao Tribunal e foi repetido na presença das duas Maat que me conferiram poder sobre meu inimigo: 'Sofrerão os presentes e os que vierem a combater contra ti e que tentarem abandonar-te', disse o Chefe dos ocidentais. Eis aqui um homem-falcão" (Texto dos Sarcófagos).

A transfiguração do homem-falcão, atribuída ao combate contra Seth, pode explicar a surpreendente imagem do Capítulo 615 dos Textos das Pirâmides, onde Seth é representado como um pássaro: "O Olho de Hórus está localizado sobre a asa de seu irmão Seth".

A complementaridade entre Hórus e Seth jamais deixou de ser ressaltada. São esses dois deuses que coroam o faraó, senhor do Alto e do Baixo Egito, simbolizando a união do Duplo País ou a união dos contrários. As transformações de um no outro parece ser um segredo indispensável para obter os mistérios da Ressurreição de Osíris.

Os mistérios da pele e o sacrifício das vítimas por ocasião dos funerais

O sacrifício das vítimas durante os funerais é uma simulação do combate de Hórus contra Seth travado pelo defunto. Trata-se de um mecanismo de substituição, típico nos ritos de magia simpática. O sacrifício imita a imolação do candidato em seu combate para vencer a morte. Os animais sacrificados eram o touro, a gazela, o ganso, o javali e o asno, identificados com o adversário Seth.

Nesse contexto, o simulacro do sacrifício humano é compreensível. Trata-se de imagens de substituição do que estava destinado a se produzir no invisível (parece que nos períodos arcaicos houve pontualmente sacrifícios humanos propiciatórios de alto simbolismo, mas desconhecemos a natureza e a identidade das vítimas, ou seja, se tinham alta posição social ou se eram inimigos poderosos contra quem se executou a pena de morte sob a forma de um sacrifício ritual). "Fazia-se passar um homem ou manequim através da pele de um touro ou de uma gazela sacrificada" (Moret, A., *Les mystères..., op. cit.*).

"Na tumba de Montuherjkhepshep, vemos um personagem vivo, o Tikenu (imagem viva que substitui o morto, do verbo 'teken', 'aproximar-se, introduzir-se'; para outros, deriva da raiz 'tek', 'matar'), levado sobre um trenó, diante de uma grande pele de animal. Em seguida, em um buraco cavado na terra, vê-se queimar a pele, o músculo, o coração do touro e também os cabelos de Tikenu, jogados aí para substituir o próprio personagem. Nas chamas, o simulacro de sacrifício do homem e da pele da vítima ascende ao Céu, levando consigo o defunto a um mundo divino" (*Idem*).

A tradição sethiana e anubiana parece ser muito antiga, sendo depois confundida e esvaziada de seu sentido primitivo por novas tradições. Com a popularização dos mistérios de Osíris associados ao renascimento vegetal, os mistérios da pele-berço foram praticamente esquecidos, com exceção do rito do Jubileu Real, em que o Rei é envolto na pele. Aos poucos, o sudário de Osíris e suas bandagens substituíram o papel da pele nas representações egípcias.

A pele é evocada novamente na faixa que cinge a frente do iniciado ou na faixa mística de onde emerge o Ser ressuscitado. Na festa do renascimento do Poder Real, o Rei leva uma faixa em forma de cinturão pendente (sed) e uma faixa na cabeça (seshed) que, como já vimos, era um dos nomes usados nos Textos das Pirâmides para o relâmpago-raio, símbolo de Seth por excelência.

A faixa se convertia num aro de Luz transfiguradora em torno da cabeça do Rei. Talvez seja um ancestral das auréolas dos santos cristãos. O Jubileu do Rei era chamado de "festa Sed" e renovava seu nascimento. O mesmo rito era celebrado por meio de uma pele chamada "pele do Rei, nsut-hen", pela qual passava o Rei ou um oficiante em seu lugar.

Além dele, outras pessoas parecem ter alcançado o privilégio de serem renovadas em vida, sem ter alcançado a morte. Os textos que tratam do assunto são vagos, mas uma estela da dinastia VI, interpretada por Lefebure, traz uma informação importante; trata-se um certo Upuatuaa que, por circunstâncias excepcionais, "passou pela pele" durante a vida.

"Sua Majestade, disse, me pôs como sacrificador das vítimas bovinas no templo de Osíris, Khentamentiu, em Abidos. Saí sobre as peles de Meskau, por mim mesmo, graças ao grande favor que sua Majestade me outorgou" (Moret, A., *Les mystères..., op. cit.*).

Converteu-se então em seu próprio Tikenu. Os termos empregados por Upuatuaa indicam que a Iniciação por ele recebida raramente era concedida aos seres vivos, mas existiu. Isso também explica os epítetos "Aju", "perfeito", iniciado completo depois da vida, com respeito aos "Aju", que se convertiam em iniciados depois da morte, no momento em que os ritos funerários os convertiam em Osíris, seres glorificados.

"Concluí que, com a exceção dos favorecidos, os homens só percebiam todas as vantagens da condição de Imakhu depois da morte; raros eram aqueles que, graças a uma morte simulada, se beneficiavam de uma Iniciação completa. Os outros só podiam renascer depois da morte real e com a condição de que os ritos osiríacos lhes fossem aplicados (e que o defunto fosse capaz de aproveitá-los). Assim, alcançavam a beatitude junto a Osíris na outra vida. Um epíteto frequente a partir do Novo Império é agregado ao nome do defunto para definir esse estado de santidade ritual: 'Uhem Anj, aquele que renova a vida'" (*Idem*).

Nesse contexto, os ritos funerários do *Livro dos mortos* egípcio aparecem como uma Iniciação *post mortem* do defunto. São ritos propiciatórios, mais do que operativos, no que concerne ao conjunto dos mortais. São uma ajuda no último instante para favorecer a realização do morto no além, já que é sobre a Terra que o defunto conquista o direito à eternidade.

A mensagem oculta atrás dos textos, em que se presume que o homem ganha seu paraíso na Terra, enfraqueceu com os séculos. Na Época Baixa, a crença no sucesso quase automático no além é favorecida pelo clero egípcio, desejoso de conservar sua influência sobre o povo. Pode ser que os herdeiros dos sacerdotes da época das Pirâmides pecaram bastante ao fazer o povo acreditar que seus ritos eram eficazes para quem não tinha sido iniciado em vida. Ou será que, frente ao caos e à desintegração da sociedade egípcia, depois das guerras internas e das ocupações por invasores estrangeiros, eles se aproveitaram da confusão para preservar ao menos para si o mistério da sua sabedoria?

"A todos vocês, os vivos que se encontram sobre esta Terra e a todas as crianças nascidas, que virão a esta montanha e verão esta tumba para a qual seus passos as dirigirão, digo: Vinde até mim e eu os conduzirei pelo caminho que leva à vida. Como é boa a vida daquele que permanece fiel a Deus, bendito seja aquele cujos passos se dirigem para este caminho. Posso vos contar o que me sucedeu e posso vos revelar a vontade de Deus, para que possais penetrar o campo do conhecimento de seu espírito. Alcancei este lugar na cidade da eternidade porque fiz o bem sobre a Terra. Meu coração sempre se encheu de alegria por caminhar sobre a via majestosa que conduz a Deus.

"Desde a infância até o último dia de minha viagem terrestre, o espírito de Deus habitou a minha alma. Desde a alvorada de minha vida, sempre cumpri com o que lhe é agradável. Pratiquei a justiça e rechacei a iniquidade. Concebi aquilo de que Deus vive e tudo o que lhe convém. Fiz todos os atos de purificação que desejava que fizesse. Afastei-me dos que ignoram o espírito de Deus e me aproximei daqueles que lhe são fiéis. Agi dessa forma porque pensava que depois de minha morte teria que comparecer diante de Deus, porque sabia que o dia da justiça viria, o dia do grande juízo, quando se pronunciará a sentença dos homens" (Cantu, G., *op. cit.*).

Capítulo 11

A sabedoria do livro mais antigo do mundo

"Os escribas cheios de sabedoria,
desde os tempos que vieram depois dos deuses,
e cujas profecias se realizaram...
não projetaram deixar depois de si, como herdeiros,
filhos de sua carne, que conservaram seu nome:
tornaram seus herdeiros os livros
e os ensinamentos que escreveram.
Dos livros fizeram seus sacerdotes,
da paleta do escriba fizeram seu filho bem-amado:
seus ensinamentos são suas pirâmides,
a pena era seu filho, a lousa sua esposa...
Houve um homem semelhante a Ptahhotep?"

PAPIRO HIERÁTICO DO MUSEU BRITÂNICO

"Em 1935, o tcheco Zbynek Zeva traduziu as chamadas máximas do vizir Ptahhotep [ver páginas em cores, IMAGEM LXVII], que viveu na época das Pirâmides. Embora tenham sido descobertos outros textos dessa época no seu interior, a obra de Ptahhotep, por sua concepção e conteúdo, foi redigida como um verdadeiro livro. Por isso, é conhecida como 'o livro mais antigo do mundo'. Seus ensinamentos se transladam para a atualidade e constituem um verdadeiro guia para o peregrino destas terras" (Jacq. Ch., *Las máximas de Ptahhotep, el libro de la sabiduría egipcia,* Edaf, Madrid, 1999).

"Ptahhotep" significa "o amado de deus ou Ptah está em sua plenitude". Foi o vizir do faraó Djed Kare-Isesi. Estável é a força criadora (Ka) da Luz divina (Ra) da dinastia V que reinou uns 28 anos, durante um período de grande prosperidade para o Egito. Ptahhotep viveu por 110 anos. Vizir era uma das quatro categorias de personagens importantes no Egito, juntamente com o faraó, os grandes sacerdotes do culto diante da estátua sagrada e os escultores das imagens sagradas que recebiam a Iniciação. Assumia seu cargo por meio de uma Cerimônia iniciática. Tinha que se ocupar fundamentalmente da Justiça; era o servidor da Maat na Terra e devia zelar por sua aplicação em todos os domínios, desde os tribunais até a economia; dirigia a administração. Todos os dias, tinha que prestar contas ao faraó e, como nos revela a história, era um personagem que não buscou qualquer poder pessoal e demonstrou uma extraordinária disposição de serviço para reunir a harmonia com a dimensão espiritual e temporal, para o bom funcionamento do Egito.

Para os antigos egípcios, qualquer pensamento não formulado carecia de realidade. Para que algo pudesse ter realidade, devia unir "Sia" – a capacidade de discernimento e a intuição que se alojam no coração – e "Hou", o Verbo que se aloja na boca. A união do pensamento e do Verbo ou ação da palavra "Sahu", a raiz do Ser, a fonte de realidade de todas as coisas.

Para expressar seus pensamentos, os egípcios edificaram templos, os esculpiram e fizeram inscrições para encarnar sua percepção do Mistério da Vida. Para levar as coisas à realidade, os sacerdotes-magos não deixaram nada ao acaso e criaram o veículo desta formulação através da língua sagra-

da: os hieróglifos, chamados em língua egípcia "medu" (palavra, bastão), "meter" (divino), as palavras de deus ou as palavras sagradas. Os hieróglifos atuam como bastões ou apoios que ajudam o homem a "caminhar na trilha do conhecimento". São as pegadas que nos deixaram os sábios, atrás das quais pomos humildemente nossos pés, em busca da sabedoria.

As máximas de Ptahhotep foram redigidas no momento de maior apogeu do Egito faraônico. São um guia para atingir uma forma de plenitude e sabedoria que serviu de modelo durante milênios na formação dos sacerdotes escribas na Casa da Vida. Seu texto foi copiado por sucessivas gerações. Não apenas serviu como texto de iniciação à escrita, mas ainda para a meditação sobre a vida e a relação do homem com seus semelhantes e com o Universo.

O texto se apresenta sob a forma de um tríptico, como depois seriam todos os livros clássicos, com um prólogo, quarenta e duas máximas e um grande epílogo dividido em nove partes, cifra sagrada para os egípcios, que representa as nove formas do deus.

No prólogo é anunciado que se pretende trazer um ensinamento, em egípcio "sebayt", que também pode ser traduzido por "sabedoria". A palavra se escreve com uma estrela, que significa, de alguma forma, a Luz e o guia que se pretende trazer ao leitor; significa também a origem celeste de todo o conhecimento. A noção de porta está associada a sebayt: indica a ideia de passagem e de transmissão. No Novo Império, foi agregado ao conceito o epíteto "metert", que se refere a "estar presente, ser testemunha, instruir". Portanto, aquele que instrui tem, ao lado do conhecimento, uma experiência pessoal, pode testemunhar a eficácia desse conhecimento.

No prólogo, Ptahhotep apresenta com humildade seus títulos e explica a totalidade dos males que o acometem devido à velhice, pois ao que parece já era centenário. Para aliviar esse momento penoso de sua existência, que o conduz à outra margem da vida, Ptahhotep se refugia numa tradição que consistia em solicitar ao faraó a permissão para fabricar "um bastão de velhice". Tal bastão não é simplesmente um cajado onde se apoia um corpo velho: é a maneira alegórica que usavam os mestres egípcios para indicar a possibilidade de reconhecer um filho espiritual, ou seja, um discípulo, capaz de transmitir seus ensinamentos para além de sua própria morte.

No prólogo, Ptahhotep esclarece que não escreve o que lhe ocorre segundo sua fantasia, mas o faz seguindo as "diretivas daqueles que o precedem". Ele se faz depositário de uma velha tradição de sabedoria transmitida de mestre a discípulo, que enriquece com sua experiência.

Assim, esse texto constitui a herança deixada por Ptahhotep a seus discípulos. É um livro de sabedoria para aplicar na vida. A tradição de escrever um livro de sabedoria vem do início da Realeza faraônica que é, antes de tudo, um sistema de Poder baseado na sabedoria e no conhecimento.

O faraó é um homem de conhecimento. Conhece a magia que permite manter a harmonia do mundo e vencer os inimigos da Maat. Tem, portanto, o dever de redigir uma "sabedoria" para seu sucessor a fim de lhe facilitar a tarefa e lhe poupar erros. Seguindo esse exemplo, os grandes pensadores egípcios, que eram homens de grande experiência, pragmáticos – e não intelectuais encerrados em teorias vãs – compartilharam durante milênios o mesmo dever.

Por isso, Ptahhotep nos convida a ser um exemplo de vida, tal como é o faraó. No Egito, o objetivo da sabedoria é abrir o espírito do leitor e mantê-lo firme no caminho da vida, formando sua inteligência e sensibilidade para que se mantenha em coesão com o Universo. A ideia é se adaptar à regra, vale dizer, às formas de vida que permitem produzir comportamentos e atos de solidariedade, de autenticidade e de verdade.

Ao final do prólogo e na primeira máxima aparece o título da obra: *Máximas da palavra cumprida*. A palavra "máxima" vem da raiz egípcia "tjes" que significa "ligar, atar, aderir". Já vimos que essa é uma das formas de designar o ato mágico: "fazer o nó". Mas a palavra "tjes" significa também "elevar, levantar": em linguagem cerimonial, refere-se ao ato de levar a oferenda. Em outro contexto, a mesma palavra está associada às ideias de "ordenar, enviar tropas, ter poder executivo e combater o mal restaurando a ordem". Designa, além disso, a palavra mágica que liga de maneira inalterável a realidade terrestre à realidade celeste. Seu hieróglifo, uma cauda de pomba, costumava ser gravado nas pedras dos templos para uni-las magicamente.

Por "máxima" devemos entender então a palavra que eleva a alma e nos liga à ideia expressa para reordenar de maneira coerente nosso próprio pensamento. Muitas vezes, quando estamos confusos, uma frase de sabedoria nos recoloca no eixo, nos "recentra", e recobramos o avanço perdido. É um grande tutor que ajuda a orientar a alma nos momentos de fragilidade. A máxima egípcia não é um simples "lembrete". É um clarim que desperta a alma e a recoloca em seu lugar, para que possa agir com harmonia.

A palavra cumprida indica uma maneira de viver, "medet neferet", refere-se ao que realizamos com beleza e perfeição. É preciso entender essa conceitualização como um aperfeiçoamento, mas no sentido egípcio e não como algo definitivo. Ao mesmo tempo, o fato de atuar nessa via de aperfeiçoamento permite realizar ações regeneradoras. O indivíduo que progride na existência realizando essas obras regeneradoras se associa em vida a Osíris, como Unen nefer, "o Ser perpetuamente renovado". Esse conceito é capital para o pensamento egípcio. Na vida, temos que renascer permanentemente, sem nunca nos deter.

Cada obstáculo da existência é uma prova, mas jamais uma barreira. Ela contém a energia e o poder que devemos integrar em nós para nos aperfeiçoar, ou seja, para nos superar. Esta é a mensagem profunda e mágica de Osíris, que cada Ser vivo deve imitar. A via das máximas da palavra cumprida opera como um bastão mágico que nos conduz a múltiplas transformações.

Em suas máximas, Ptahhotep afirma que há uma única disposição de espírito para se ter acesso a esse tesouro: é preciso "saber escutar" para que o texto possa ser "útil e luminoso", para que atue como um "Aj", um Ser de Luz, que é o aspecto brilhante e espiritual em cada um de nós. No Egito, tudo o que é útil e eficaz é luminoso ou radiante. Essa Luz se produz através da emissão de um Verbo e sua correspondente recepção em um coração desperto, capaz de entender e perceber estas vibrações luminosas. Por isso, o objetivo na vida dos candidatos à Iniciação à sabedoria era se transformar em "Aj", um Ser de Luz. A Luz de que falamos é claramente explicada na sabedoria egípcia como a Luz interior que devemos atualizar através das provas que aprendemos a vencer com sabedoria [ver páginas em cores, IMAGEM LXIII]. Nas máximas finais (39 a 42), lemos o seguinte: "Quanto ao insensato que não escuta, não há quem aja por ele. Não dá mais valor ao conhecimento do que à ignorância, ao útil do que ao desprezível... Seu mau caráter é conhecido pelos grandes. Vive estando morto todos os dias. Se a escuta é boa, a palavra é boa" (máxima 39). Isso significa que não se deve escutar em atitude passiva, mas usando a consciência-coração que nos permite entender.

Por isso, ele enfatiza depois que, para educar o filho espiritual, é preciso tocar nele aquele Ser que escuta. "Quem não escuta é ignorante e agitado, quem entende estabelece e inspira confiança" (máxima 40).

A máxima 41 descreve o ignorante, aquele que não escuta. A surdez mental compõe, com a preguiça e a avidez, os três obstáculos que impedem qualquer homem de cumprir a Maat e atingir a Iniciação.

Ptahhotep recomenda controle de si mesmo, silêncio e adaptabilidade diante dos discursos estúpidos, destrutivos ou agressivos. Tal controle, na máxima 25, constitui um verdadeiro programa de formação do discípulo, explicando as condições indispensáveis para se obter a sabedoria.

Linguagem tranquila e descansada,
não dar ordens cegas,
não provocar reações belicosas,
não sucumbir à vaidade,
a permissividade é condenável,
não se deve reagir com violência,
também não convém, em uma situação difícil, refugiar-se no silêncio,
apaziguar a ebulição interior,
não ser triste nem frívolo.

A máxima 26 traz ensinamentos sobre o Ka e, em consonância, sobre a magia: sobre a justa utilização da energia criadora. "Ela se encontra em todas as partes, tanto no animado quanto no que parece ser inanimado. O sábio deve aprender a servir-se dela, sabendo que nunca será seu dono."

Ptahhotep aconselha tomar precauções elementares no manejo da energia. Por exemplo: "Não se opor estupidamente à ação de um 'Grande', pois ela é produtora de energia. Não provocar nos demais ações de furor e de hostilidade, pois estas perturbam a energia".

A boa atitude consiste em liberar essa formidável energia por meio do amor e, portanto, da atitude de "dar e não tomar". "Atuar em companhia do Poder divino confere ao atuante uma força autêntica." O Ka, a força criadora, não está ligado apenas à paz interior, mas além disso faz o amor crescer. Ptahhotep enfatiza o circuito de energia: "O amor a nutre, ela nutre o amor".

Na máxima 36, Ptahhotep explica que é preciso erradicar o mal antes de dar um ensinamento. Diz ele: "Lavar o ventre e purificar o coração para não contaminar o ensinamento". A ideia é que o ventre guarda impurezas e precisa ser permanentemente purificado: por isso a medicina egípcia utilizava as lavagens. O ventre também se relaciona com a paixão. O coração é a sede da consciência e contém as faculdades intelectuais da memória e da imaginação. É a testemunha da alma e, por este motivo, é posto no prato da Balança no Juízo do além.

Na máxima 14, Ptahhotep esclarece que temos duas vias para nos relacionar com os outros, que podem nos trazer bem-estar ou mal-estar. Se nos reunimos com nossos próximos através da via do coração, nasce a confiança, a convivência, a fortaleza. Se nos relacionamos através do ventre, a sede dos nossos medos, obtemos uma relação egoísta e compulsiva, que nos torna escravos de nós mesmos.

"O ser perpetuamente descontente com tudo é uma desgraça para seu ambiente. É ele que deve realizar atos positivos" (máxima 22).

"O sábio não deve dar atenção a nenhum rumor, quem o utiliza deve ser condenado. Um homem de retidão não se fundamenta sobre o que ouviu, viu e retificou" (máxima 23).

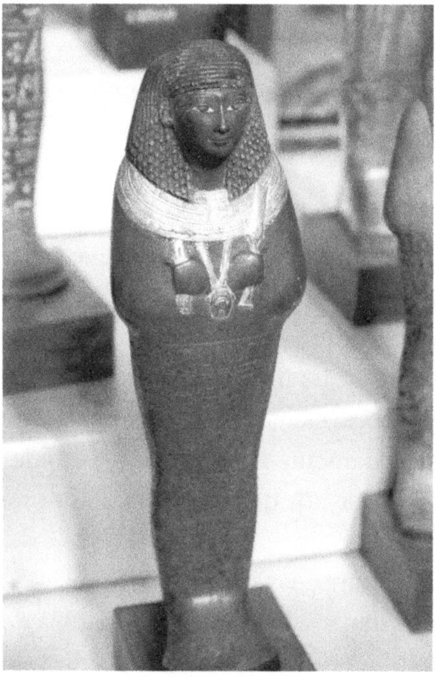

"Se o superior é de confiança, deve se comportar com educação e evitar conflitos. Se não é mais do que um tiranete, precisa lutar. Precisamos viver em paz com nossos vizinhos, pois as querelas de proximidade são uma verdadeira desgraça (máxima 31).

Sobre a arte de guiar e governar, diz a máxima 16: "Ser flexível e evitar o dogmatismo. Dar ordens e deixá-las ir livremente, sem fixação e sem rigidez. Uma condição do sucesso: realizar coisas elevadas. Ser lúcido na fortuna e lembrar que ela pode ser destruída em um instante".

A máxima 10 aconselha sobre como agir bem em momentos de fraqueza e como escolher um Ser de qualidade (um mestre) em quem depositar confiança. Diz ela: "Quem segue um homem medíocre, torna-se medíocre".

A máxima 12 reflete o realismo egípcio: não é uma mentalidade ingênua. Trata da atitude do sábio diante do filho espiritual ou da relação do mestre com o discípulo: "Só a ajuda de Deus (ou seja, o destino), e não apenas a vontade, permite a um sábio descobrir seu filho espiritual, uma descoberta que não se traduz forçosamente em sucesso. Se o discípulo desobedece sem cessar, se expressa apenas más palavras, se ignora as recomendações, não há somente esperança. Não é possível modificar uma natureza viciosa em sua origem". Ptahhotep alerta sobre as falsas aparências e as projeções de que podemos ser vítimas. Só conhecemos um indivíduo na adversidade, na dificuldade das provas: é aí que aparecerá a verdadeira natureza de seu coração. Por isso, o egípcio sempre põe os outros à prova e também se põe à prova, para conhecer a verdade e sair de todo tipo de ilusão.

Na última máxima, fala do filho espiritual, ou discípulo: se este soube compreender, será comparado a um filho de Hórus, ou seja, ao estado de bem-aventurado, o Ser vivo na Luz; e então poderá transmitir o ensinamento com retidão, renovando-o. Chama essa possível situação de "consolidar a retidão e lutar contra a desordem".

A conclusão contém a forma "justa" de evitar a confusão interior e de realizar com eficácia os projetos. Repete que, para isso, é preciso fazer uma introspecção para encontrar os pensamentos adequados, que possam ser transformados em ação justa através do Verbo, que nos conduz a pensar e atuar de maneira "justa", respeitando as leis da ordem do Universo.

O tema fundamental é que, para poder atuar segundo os princípios da sabedoria e da magia egípcia, é preciso discernir o princípio ou lei que servirá de ponto de apoio. É preciso adequar os comportamentos em função desse princípio, que pode assim ser assimilado à realidade. Unido a esta, o princípio transforma a inércia do terrestre em um Ser vivo, o põe em movimento com a ajuda da projeção do Ka do atuante. Na existência, há gente que sabe "fazer o nó", mas não põe nisso a vida, não põe nisso a energia criadora, e então atua com rigidez e estreiteza: é gente "trapaceira". Outros sabem projetar a vida e a energia criadora, mas sua ação é dispersiva e confusa. Assim, a energia se perde rapidamente, "sem manhã, sem futuro", como diriam os egípcios.

Por isso, os egípcios insistem tanto nessas duas palavras: "He", o nó: e "Ka", a energia criadora. Ambas formam a palavra "Heka", a magia, que é uma ação volitiva e cognitiva ao mesmo tempo, e que precisa de um canal puro que responda a uma ética profunda.

Isso demonstra que a verdadeira magia, segundo os egípcios, é a que foi imortalizada pelos gregos no frontão do templo de Delfos: "Conhece-te a ti mesmo e conhecerás o Universo e os deuses". Para os egípcios, no fundo de cada coração se escondem os Mistérios da sabedoria do Cosmos. Pondo a consciência no coração, seguindo a leveza da pluma da Maat a partir de nosso mundo interior, conseguimos nos comunicar com as leis que regem o Universo.